W0189192

Aslı Erdoğan

Nicht einmal das Schweigen gehört uns noch

Essays

Aus dem Türkischen von Sabine Adatepe,
Şebnem Bahadır, Angelika Gillitz-Acar,
Angelika Hoch-Hettmann, Oliver Kontny, Gerhard Meier

Mit einer Einführung von Cem Özdemir

Knaus

Die türkische Originalausgabe mit dem Titel
Artık Sessizlik bile Senin Değil ist bisher nicht erschienen.

Der Verlag weist ausdrücklich darauf hin, dass im Text enthaltene externe
Links nur bis zum Zeitpunkt der Buchveröffentlichung eingesehen werden
konnten. Auf spätere Veränderungen hat der Verlag keinerlei Einfluss. Eine
Haftung des Verlags für externe Links ist stets ausgeschlossen.

MIX
Papier aus verantwor-
tungsvollen Quellen
FSC® C014889

Verlagsgruppe Random House FSC® N001967

1. Auflage
Copyright der Originalausgabe © Aslı Erdoğan, 2016
Vermittelt durch die Agence littéraire Astier-Pécher
Copyright der deutschsprachigen Ausgabe © 2017
beim Albrecht Knaus Verlag, München,
in der Verlagsgruppe Random House GmbH,
Neumarkter Straße 28, 81673 München
Satz: Buch-Werkstatt GmbH, Bad Aibling
Druck und Einband: Friedrich Pustet, Regensburg
Printed in Germany
ISBN 978-3-8135-0780-5

www.knaus-verlag.de

Inhalt

Freiheit für den »kleinen Kanarienvogel« – Aslı Erdoğan und die Türkei

Eine Einführung

Beginnen wir mit ihrer Selbsteinschätzung. »Ich bin Schriftstellerin und kein Mensch in der Türkei nimmt mich politisch ernst«, sagte Aslı Erdoğan nach ihrer Freilassung der FAZ-Journalistin Karen Krüger. Vielleicht habe man mit ihrer Verhaftung die Nachricht senden wollen: »Es kann jeden Intellektuellen treffen.« Oder: »Es war nur ein blöder Zufall.« Aslı Erdoğan geht sogar so weit zu sagen, sie sei »politisch nicht aktiv«. Gewiss, ihre Mitarbeit bei der inzwischen verbotenen Tageszeitung *Özgür Gündem* könne als »politisch« klassifiziert werden – aber ihre Kolumnen seien »unpolitisch« gewesen. Kein Wunder also, dass sie überrascht war, als schwer bewaffnete Polizisten an ihrer Tür standen. Ein Missverständnis, ein Witz, dachte sie.

Blickt man Anfang 2017 von außen auf die Türkei, dann erscheint jede Zeile Aslı Erdoğans und jede Seite ihrer Literatur höchst politisch, und deshalb ist ihre Verhaftung alles andere als ein tragischer Zufall. Schmerz, Diskriminierung, Ausgrenzung, Gewalt, Unterdrückung, Völkermord, Erinnerung, Trauma, Erniedrigung, Folter, Mord, Verzweiflung, Armut: Alles wird literarisch eindrucksvoll thematisiert, ohne dass sich die Autorin politisch vereinnahmen ließe. Ihre Texte über die Gräueltaten der türkischen Sicherheitskräfte in den mehrheitlich von Kurden bewohnten Gebieten im letzten Frühjahr sind deshalb bleibende Zeugnisse, weil Aslı Erdoğan es versteht, beispielsweise den Schmerz einer Mutter bei der Suche nach der Leiche ihres Sohnes unmittelbar spürbar zu machen. Die verkohlten Körperteile und andere Bilder aus dem Jahr 2016 lassen sich nicht einfach vergessen, so nachdrücklich wie Aslı Erdoğan sie beschreibt. Gefühle sagen hier mehr als jede offene politische Kritik. Aslı Erdoğan schafft Literatur im Rauch, im Feuer der politischen Realität in der heutigen Türkei.

Genau das machte Aslı Erdoğans Wirken als Schriftstellerin bereits in den Neunzigerjahren spannend und politisch. Schon in ihren frühen Texten war eine Mission erkennbar, sie sind Ausdruck, Kampf, Widerstand, ja ein Aufschrei gegen Diskriminierung. Damals thematisierte sie das Leben von Schwarzen und den Rassismus, der Teile der türkischen Gesellschaft prägte. Für Aslı Erdoğan ist das Leugnen des Genozids an den Armeniern – sie verwendet den armenischen Begriff »Große Katastrophe« – ein Verbrechen. Den Schmerz der Opfer zu leugnen ist für sie der Versuch, die Opfer ihres Traumas und damit ihrer Stimme zu berauben, statt sich der Geschichte offen zu stellen und den Weg für eine Versöhnung zu bereiten.

Natürlich stehen die Frauen – ihre Diskriminierung, ihre Kraft, ihr Mut und ihre Solidarität – im Mittelpunkt von Aslı Erdoğans Schreiben. In einem Interview mit der türkischen Journalistin Ayşe Arman (*Hürriyet*) sagte sie: »Ich habe im

Gefängnis noch etwas gelernt. In diesem Leben sollte man die wahre Freundschaft von Frauen erwarten. Männer, sie mögen mich entschuldigen, reden immer großspurig, bleiben jedoch an solchen Tagen auf der Strecke. Nicht als Liebhaber meine ich. Viele männliche Kollegen haben nichts von sich hören lassen, aus Angst, als PKK-Anhänger verhaftet zu werden. Es gab auch bei den Frauen einige Enttäuschungen, aber sie waren selten.«

Erdoğans Zeilen über Yaşar Kemal sollte ich gleich anfügen. Nicht um die vorstehenden Zeilen zu relativieren, doch um zu zeigen, was ihr die Freundschaft dieses legendären Schriftstellerkollegen bedeutet hat. Sie erhielt den *Sait Faik*, einen der bedeutendsten Literaturpreise der Türkei, aus der Hand Yaşar Kemals und schrieb in ihrem Nachruf über ihn: »Ich habe von ihm keine Zeile gelesen, aus der nicht tiefe Weisheit gesprochen hätte. Ich schätzte ihn dafür, dass er mich jede Woche besuchte, meist am Freitag, als ich für den Adam Verlag arbeitete, und er immer mit einem Päckchen Zigaretten kam. Mit einem Blick erkannte er meinen Geldmangel. Er erzählte aus seiner Jugend und versöhnte mich mit meinem Schicksal. Wenn meine Verzweiflung, Hoffnungslosigkeit und das Gefühl der Niederlage unerträglich werden, geht meine Hand immer zu diesem Päckchen Zigaretten, das nie aufgebraucht ist.«

Zurück zu Aslı Erdoğans Literatur. Lassen Sie mich als Politiker auf die türkische Entwicklung der letzten drei Jahrzehnte eingehen, die der Rahmen für das Schaffen von Aslı Erdoğan waren. Auch auf die Frage, warum trotz allem, was wir über die schlimmen Zustände in der Türkei lesen, Präsident

Erdoğan noch immer über breiten Rückhalt im Land verfügt. Sie werden, so hoffe ich, damit auch einige Essays der Autorin politisch besser einordnen können.

Der Aufstand der »Schwarzen Türken« – »Siyah Türkler«

»Beyaz Türkler« – der Begriff »weiße Türken« wurde zwar nicht von Präsident Recep Tayyip Erdoğan in die politische Debatte eingeführt, erst mit ihm jedoch bekam der Begriff seine heutige politische Bedeutung. Ursprünglich die Bezeichnung für europäisch-orientierte, gut ausgebildete, säkulare Türken, die für die moderne Türkei und die Republik von Atatürk standen, allerdings mit der liberalen Demokratie des Westens nicht immer etwas anfangen konnten, entwickelte er sich zum Kampfbegriff. Präsident Erdoğan hat mit seinem Bekenntnis, ein »schwarzer Türke« zu sein, den Finger in zwei politische Wunden der modernen türkischen Elite gelegt: die Ausgrenzung der Muslime und die der Kurden. Die säkulare Türkei hat jahrzehntelang nicht nur die Existenz der Kurden geleugnet, sondern auch konservative Muslime weitenteils vom öffentlichen Leben ausgeschlossen. Die auf das Dreieck Istanbul – Izmir – Ankara gestützte Ökonomie, aber auch die Politik waren fest in der Hand der »weißen Türken«. Das unterentwickelte anatolische Hochland war nicht nur von der türkischen Politik und dem Bildungssystem vergessen worden, ihm fehlte auch der Zugang zum Weltmarkt und es wurde zum Globalisierungsverlierer.

Dies begann sich in den Achtzigerjahren mit Turgut Özal zu ändern, der das Land zunächst als Ministerpräsident, dann als Staatspräsident führte. Özal hatte sich gegen den Willen der Generäle des Putsches von 1980 durchgesetzt und 1983 die Wahlen gewonnen. Als Ministerpräsident öffnete er die Türkei in Richtung Weltmarkt und liberalisierte die Wirtschaft. In wenigen Jahren wuchsen die Städte Anatoliens wie Konya, Kayseri, Gaziantep zu Millionenstädten mit einer neuen ökonomischen Elite. Die Töchter dieses selbstbewussten neuen Bürgertums drängten in Kopftüchern an die Hochschulen und wurden zurückgewiesen, sie waren gezwungen, Perücken zu tragen oder gar zum Studium ins westliche Ausland zu gehen. Ihre Ausgrenzung war die Botschaft des säkularen Staates an die neue aufsteigende konservative Schicht. Die Kopftuchdebatte war in der Türkei nie nur eine Debatte über die Religionsfreiheit. Sie war immer auch eine Debatte über das politische System und darüber, wer den öffentlichen Raum besetzte, wer sichtbar sein durfte und wer nicht. Die jungen Frauen mit Kopftuch stellten die säkulare Ordnung der »weißen Türken« mit einem halben Quadratmeter Tuch in Frage. Und zumindest anfangs bedienten sie sich recht erfolgreich pluralistischer Ideale, um für ihr Anliegen liberale Unterstützer außerhalb ihres Milieus zu gewinnen.

Der Aufstieg Präsident Erdoğans und seiner Partei AKP ist eine Folge dieses politischen Wandels in der Türkei.

Recep Tayyip Erdoğan hatte erkannt, dass er mit den beiden Tabuthemen – Kurdenkonflikt und Freiheit bei der Ausübung des Islams – selbst in den Reihen der »weißen« Elite punkten konnte und diese zum Programm erklärt. Es ist kein Zufall, dass die effektivsten Proteste gegen das Kopftuchverbot an der Bosporus-Universität, einem Hort der »weißen« Eliten und übrigens Universität Aslı Erdoğans, stattfanden. Die AKP bot zwar keine klaren Konzepte zur Lösung dieser Probleme an, thematisierte sie jedoch und wurde somit zum Sprachrohr der ausgeschlossenen und unterdrückten »schwarzen Türken« mitsamt ihrer liberalen Bündnispartner, die mit der AKP die Hoffnung auf eine demokratische Modernisierung innerhalb einer mehrheitlich muslimischen Gesellschaft verbanden.

Es wäre zu kurz gegriffen, den politischen Erfolg und die noch immer stabile Wählerbasis der AKP erklären zu wollen, ohne auf die soziale Frage einzugehen. Präsident Özal hatte zwar grundlegende ökonomische Reformen eingeleitet. Die soziale Frage war für ihn jedoch kein wichtiges Anliegen gewesen. Sein Erfolg hatte auf dem Mittelstand (»orta direk«) aufgebaut. Nicht so die AKP, die auf den massiven sozialen Wandel im Land politisch reagierte. Lebten 1970 noch fast siebzig Prozent der Bevölkerung auf dem Land, leben heute fast achtzig Prozent in den Städten. Dabei blieben viele in den Dörfern ökonomisch auf der Strecke, aber auch in den Slums der Städte. Ihnen reichte die AKP die Hand, schickte nach ersten Wahlerfolgen in den Kommunen CARE-Pakete und Kohle zum Heizen an die Armen. In der Regierung öffnete und reformierte die AKP die Gesundheits- und Bildungspolitik und legte ein beeindruckendes Wohnungsbauprogramm vor, das fast ausschließlich auf die schwächeren Schichten zielte.

Die türkischen Massen trafen zum ersten Mal auf so etwas wie einen Sozialstaat. Sogar eine bescheidene Sozialhilfe für Bedürftige wurde eingeführt. Gewiss darf man dabei nicht an den deutschen Sozialstaat denken, aber für die Armen des Hochlandes und der Slums der Städte war es eine helfende Hand, die die Menschen von den traditionellen Parteien nicht gewohnt waren. Die AKP, oder was von ihr als Partei im Schatten von Präsident Erdoğan heute übrig ist, stützt sich immer noch auf diese beiden Bevölkerungsschichten.

Weite Teile der kurdischen Massen, sozial wie politisch ausgegrenzt, folgten Erdoğan und der AKP zunächst voller Hoffnung. Die Oppositionsparteien CHP und die nationalistische MHP spielten bei den Urnengängen in den mehrheitlich von Kurden bewohnten Gebieten kaum noch eine Rolle. Selbst als die pro-kurdische Partei HDP auf den Wahlzetteln auftauchte, schaffte die AKP im »Wilden Kurdistan«, etwa in Bitlis, noch vor fünf Jahren Wahlergebnisse von bis zu siebzig Prozent der Stimmen. Nicht nur die Sozialpolitik beflügelte die AKP, sondern auch die Hoffnung auf Frieden. Die Hoffnung darauf, dass mit Erdoğan der blutige Bürgerkrieg enden würde, in dem über 30 000 junge kurdische Frauen und Männer ihr Leben gelassen hatten. Diese Hoffnungen schienen sich zunächst zu erfüllen. Es gab einen Waffenstillstand, die türkische Regierung saß 2011 in Oslo mit der bis dahin als terroristisch hart bekämpften PKK am Verhandlungstisch. Was noch wenige Jahre zuvor unvorstellbar gewesen war, wurde plötzlich Realität. Dass von diesem Friedensprozess heute nur noch ein Scherbenhaufen übrig ist, steht auf einem anderen Blatt.

Die AKP widmete sich in ihrer Anfangsphase nicht nur den sozialen Problemen in der Türkei, sondern bewegte sich auch erstaunlich auf Europa zu: Wie keine andere Partei forcierte die AKP die Annäherung an die EU. 2005 nahmen die EU und die Türkei Beitrittsverhandlungen auf. Das Land erlebte nicht nur eine nie dagewesene ökonomische Entwicklung, auch die politischen Reformen konnten sich in diesen Jahren sehen lassen. Das erzeugte auch international Aufmerksamkeit. Europa und die USA diskutierten über die Frage, ob die Türkei für die Region und islamische Welt ein »Modell« sein könne, arabische Intellektuelle sahen die Türkei als eine »Quelle der Inspiration«.

Geburt eines Diktators - oder die Tragödie Recep Tayyip Erdoğan

Diese Stimmung dauerte bis zum Verfassungsreferendum der Türkei 2010 an. Die auch mit Brüssel abgestimmten Änderungen fanden eine Mehrheit von 57 Prozent der Stimmen. Das lag auch daran, dass das linke und liberale Spektrum in der Türkei die Kampagne mit dem Slogan »Nicht genug, aber Ja!« mittrugen. Diese Stimmung, die sich im Nachhinein angesichts der dramatischen Veränderungen zum Negativen für viele liberale Unterstützer als klare Fehleinschätzung erwiesen haben dürfte, führte 2011 zum dritten Wahlerfolg der AKP mit fast fünfzig Prozent der Stimmen. Die Wende, und quasi Geburt eines Diktators, begann nach den Wahlen 2011.

Heute, sechs Jahre später, ist von all den politischen, ökonomischen und kulturellen Errungenschaften der AKP-Regierung wenig übrig. Das Land steckt in der Rezession. Das Pro-Kopf-Einkommen ist auf den Stand von 2007 gesunken, der Friedensprozess längst Geschichte. Stattdessen herrscht Krieg. Die kurdischen Provinzen haben niemals in der türkischen Geschichte ein solches Ausmaß der Zerstörung erlebt wie im letzten Jahr. Die Repressionen gegen die Opposition nehmen Ausmaße an, bei denen man nicht mehr umhinkommt, von einer Diktatur zu sprechen. Die Presse ist entweder gleich- oder ausgeschaltet. Hunderte Journalisten sitzen in den Gefängnissen oder mussten das Land verlassen, um einer Verhaftung zu entgehen. Regierungskrisen, ein gescheiterter Militärputsch, die Verhaftung von Parteivorsitzenden und Schlägereien in der Nationalversammlung sind Normalität. Damit nicht genug, strebt Recep Tayyip Erdoğan nun eine Verfassungsänderung an, die ihm die Macht osmanischer Sultane geben würde. Der Ausnahmezustand ist inzwischen Regelfall, was der Regierung ermöglicht, Tausende Richter, Staatsanwälte, Beamte, Polizisten, Lehrer, aber auch Ärzte und Ingenieure zu entlassen. Mehr als hunderttausend staatliche Angestellte und Beamte sind inzwischen betroffen.

Was als Entlassung sogenannter Gülenisten, die man für den Putschversuch verantwortlich machte, aus dem Staatsapparat begann, weitete sich in kürzester Zeit auf alle kritischen Stimmen aus. Besonders grotesk wird es, wenn offensichtliche Gülen-Kritiker von Erdoğan und seinen Anhängern, die ihrerseits mit der Gülen-Bewegung über viele Jahre hinweg gemeinsame Sache machten, als »Gülen-Terroristen« verhaftet und verfolgt werden.

Es ist kaum nachvollziehbar, was in der Türkei in den letzten Jahren politisch passiert ist. Warum in aller Welt kommt eine Regierung nach zehn Jahren erfolgreicher Regierungsarbeit vom Weg ab und ruiniert alle Erfolge, für die sie einst stand? Es mangelt nicht an Erklärungsversuchen, eine wirklich überzeugende Erklärung fehlt jedoch. Viele sagen, Recep Tayyip Erdoğan sei immer schon ein Islamist gewesen. Die ersten zehn Jahre seiner Regierung seien nur der Kampf um die Macht, seien nur taktisch liberal - »takkiye« - gewesen. Ein Jahrzehnt der Täuschung? Welche politische Leistung. Dagegen spricht, dass sein Bündnis mit der unumstritten islamisch ausgerichteten Gülen-Bewegung genau dann zerbricht, als Recep Tayyip Erdoğan seinen Politikwandel einläutet. Sein aktuelles Bündnis mit Ultra-Nationalisten und einigen alten kemalistischen Eliten widerspricht dieser These noch mehr. Plausibler erscheint hingegen, dass Erdoğan den Arabischen Frühling als eine Art islamische Renaissance deutet, statt darin demokratische Revolutionen gegen die Diktaturen zu sehen. Eine islamische Renaissance, in der er eine besondere Rolle zu spielen hat.

Wir wissen es nicht. Sicher ist nur, dass Erdoğan nach seinem Wahlerfolg 2011 mit Gesetzesinitiativen vorpreschte, die er bis dato vermieden hatte. Es begann mit einem Gesetz zur »Bildungsreform«. Eine Gruppe von zwanzig Abgeordneten, darunter kein einziger Bildungsexperte, brachte einen Gesetzentwurf ins Parlament ein, welchen die AKP dann innerhalb einer Woche durchs Parlament peitschte. Vorgesehen war, dass sich die Sekundarstufe ab der fünften Klasse für die Religionsschulen (»Imam Hatip«) öffnete. Kritik konterte der damalige Bildungsminister damit, dass sein Haus über die Initiative nicht unterrichtet gewesen sei. Darauf folgte ein neuer Gesetzentwurf, der das Zusammenleben und -wohnen von unverheirateten Frauen und Männern verbieten sollte. Zielscheibe waren studentische Wohngemeinschaften. Erdoğan unterstellte, dass »die türkischen Eltern nicht wünschten, dass ihre Töchter unverheiratet mit Männern unter einem Dach leben.« Der Aufschrei der Eltern und der Studierenden war groß – es gehe den Staat nichts an, was sie wünschten oder nicht. Daraufhin zog Erdoğan den Entwurf zurück, ließ aber Stipendien nur noch an verheiratete Studierende vergeben. Mit einem weiteren Gesetz entzog Erdoğan den Kommunen die Genehmigung zum Alkoholausschank in Gaststätten und übertrug sie an die Gouverneure, die direkt dem Innenminister unterstellt sind. Ziel war es, den Alkoholkonsum in den Städten zu unterbinden, mit dem Argument, dass dieser unislamisch sei.

Erdoğans harsche und willkürliche Art zu regieren, ohne Rücksicht auf Verluste, polarisierte das Land zunehmend. Die säkularen »weißen Türken« hatten mehr und mehr das Gefühl, dass ihre Lebensweise reglementiert und eingeschränkt werde. Die Stimmung war explosiv.

Die Gezi-Proteste und der Bruch

Im Sommer 2013 begannen die Proteste dann vergleichsweise harmlos. Im Gezi-Park im Herzen Istanbuls fingen

Straßenbauarbeiter an, über hundert Jahre alte Bäume zu fällen. Die vorbeiziehenden Jugendlichen, die sich erkundigten, ob dafür eine Genehmigung vorliege, wurden zunächst verjagt. Als ihre Zahl jedoch größer wurde, schaltete sich die Polizei ein. Es stellte sich heraus, dass es keine Genehmigung gab, die Regierung jedoch mit dem Bau eines Einkaufszentrums am Taksim-Platz beginnen wollte. Das Shoppingcenter im Stil einer Osmanischen Kaserne aus dem achtzehnten Jahrhundert galt als Lieblingsprojekt Recep Tayyip Erdoğans. Die Jugendlichen besetzten daraufhin das Parkgelände und verließen es auch über Nacht nicht.

Statt dieses lokale Ereignis den kommunalen Politikern oder zuständigen Gouverneuren oder zumindest dem Innenminister zu überlassen, nahm der damalige Ministerpräsident Erdoğan die Sache selbst in die Hand. Der Gezi-Park wurde so zum Kristallisationspunkt eines nationalen Aufstandes. Tagelang lieferten sich Jugendliche, viele von ihren Eltern unterstützt, Schlachten mit den Sicherheitskräften. Die Proteste weiteten sich auch auf andere Städte aus, darunter Ankara, Izmir, Bursa. Es gab sieben Tote und Hunderte von Verletzten. Als Erdoğan begriff, dass das Festhalten am Shoppingcenter noch mehr Schaden anrichten würde, suchte er schließlich den Dialog und sagte zu, die Gerichtsverfahren abzuwarten und eine Volksabstimmung über das Projekt abzuhalten. Die Proteste kamen daraufhin zum Stillstand.

Zunächst schien es sogar, als sei eine gesichtswahrende Lösung gefunden worden. Die Anführer der Proteste sprachen mit Regierungsvertretern in Ankara und diese wiederum übten Selbstkritik am Vorgehen der Polizei und zeigten

Bereitschaft zum Dialog. Erst als Erdoğan von einer Auslands-
reise zurückkehrte, wurde klar, dass er keinerlei Anstalten
machte, auch nur einen Millimeter nachzugeben. Im Gegenteil: Er sah die Gezi-Bewegung als Gefahr für seine Macht und
reagierte entsprechend.

Die Scherben, die tiefen Verletzungen sowie der Schmerz
blieben. Recep Tayyip Erdoğan hatte Hass gesät und Sturm
geerntet. Er hatte die Brücken zu einem großen Teil der
Bevölkerung zerstört. Für viele Menschen in der Türkei ist
er heute ein verhasster Politiker. Die Antwort eines siebzehn Jahre alten Mädchens auf die Frage, warum sie an diesen Protesten teilnimmt, beleuchtet die Stimmung sehr eindrucksvoll. Sie sagte: »Ich bin siebzehn, ich bin bis heute von
meinem Vater nie so zurechtgewiesen worden, wie in den
letzten Monaten von Erdoğan.«

Die Türkei ist seit »Gezi« ein tief gespaltenes Land. Die
Wege der beiden Erdoğans – Aslı und Recep Tayyip – haben
sich seit Gezi für immer getrennt. Der Graben ist zu tief. Es
ist deshalb kein Zufall, dass sie eine verfolgte Journalistin
ist, und er nicht mehr ihr Präsident. Es könnte die Absicht
Erdoğans gewesen sein, das Land zu spalten, um seiner politischen Macht Dauerhaftigkeit zu verschaffen. Soziologisch
gesehen kann Präsident Erdoğan auf bis zu siebzig Prozent
Unterstützung der türkischen Wählerschaft hoffen. Das ist
der Anteil des sunnitisch-konservativen türkischen Spek-
rums. Die Säkularen, einschließlich der Minderheiten wie
den Alewiten, bilden ein Wählerpotential von etwa dreißig Prozent. Je größer die Spaltung und je härter die Fron-
ten sind, desto solider ist Erdoğans Wählerbasis. Erdoğan

betreibt eine kalkulierte Spaltung des Landes mit allen damit verbundenen Risiken.

Diese Rechnung geht jedoch nicht auf. Die Spaltung – muslimisch versus laizistisch – die sich Erdoğan wünscht, wurde bereits während der Proteste um den Gezi-Park durchkreuzt. Die Jugendlichen, die sich als »antikapitalistische Muslime« bezeichneten, bildeten von säkularen Jugendlichen gegen die Polizei geschützt Gebetsreihen. Dabei blieb es nicht.

Den tiefsten und vielleicht gefährlichsten Riss im islamisch-konservativen Lager erlebte das Land im Dezember 2013. Die Polizei nahm die Familienangehörigen mehrerer Minister unter Korruptionsverdacht fest. Sie hatten Millionen Türkische Lira und US-Dollar in ihren Wohnungen gehortet. Vier Minister mussten zurücktreten. Zur Verhaftung von Familienangehörigen Erdoğans kam es nicht mehr, genauso wenig zu einem Prozess. Der bestellte Staatsanwalt sah keinen Grund für eine Strafverfolgung, die Immunität der entlassenen Minister wurde nicht aufgehoben. Es habe keine Korruption gegeben.

Sollte sich jemand über die unglaublichen Summen wundern, mit denen die AKP-Spitzen sich offensichtlich bereichern, braucht er sich nur in Erinnerung zu rufen, wie die Informationen darüber wohl zustande gekommen sind – über Dossiers der Gülen-Bewegung, die jene über viele Verantwortliche im Land anlegen ließ, um sie im richtigen Augenblick zum Einsatz zu bringen.

Recep Tayyip Erdoğan sah im Korruptionsskandal also ebenfalls einen Putschversuch der Gülenisten gegen die Regierung und begründet damit bis heute die »Hexenjagd«

gegen die Mitglieder dieser Bewegung. Den gescheiterten Putschversuch im Sommer 2016 nutzte Erdoğan, um die Daumenschrauben gegen die Mitglieder der Bewegung weiter kräftig anzuziehen. Gleichgültig, ob sie individuell mit dem Putschversuch in Verbindung standen oder nicht, sehen sie sich bis heute systematischer Verfolgung ausgesetzt.

Alles zusammengenommen wird deutlich, dass der Justiz- und Sicherheitsapparat der Türkei in höchstem Maße politisiert war und ist. Erst kemalistisch, dann durch Gülen und jetzt durch Recep Tayyip Erdoğan. Praktisch war er nie der Demokratie, den Menschenrechten und der Rechtsstaatlichkeit verpflichtet. Erdoğans Programm, auf die muslimische Mehrheit und gegen die säkulare Minderheit zu setzen, kann heute als gescheitert bezeichnet werden. Die Frage ist nicht, ob muslimische oder säkulare Kräfte herrschen, es geht um die Frage Despotismus versus demokratischer Rechtsstaat. Erdoğans Bündnispartner sind inzwischen die alten Kader, die immer für einen autoritären Staat standen und die Existenz von Kurden in der Türkei geleugnet haben. Es wird jedoch in der Türkei keine Demokratie geben, ohne Frieden und Lösung der Kurdenfrage.

Die Kurdenfrage als Prüfung der Türken

Die Opposition Aslı Erdoğans ist bei den Gezi-Protesten sichtbar geworden. Doch ihre Verfolgung hat mehr mit der Kurdenfrage zu tun. Darin wurde sie für Recep Tayyip Erdoğan gefährlich – mit ihren Kolumnen, ihrer Literatur, auch mit ihrer

Persönlichkeit und Identität. Ich möchte kurz auf die kurdische Frage eingehen, bevor wir auf Aslı Erdoğan zurückkommen. Denn weder die Gründe der Repressionen, denen Aslı Erdoğan sich ausgesetzt sieht, noch ihr kompromissloses Eintreten in dieser Frage sind verständlich, wenn man nicht die Bedeutung und Größe des Schmerzes erfasst, den die kurdische Frage seit Jahren reproduziert.

Die kurdische Frage war seit der Gründung der türkischen Republik eine Wunde, die während der Aufstände der Zwanziger- und Dreißigerjahre stark blutete. Nur schlecht verheilt, riss sie immer wieder auf, zum Beispiel, als kurdische Intellektuelle verfolgt wurden. Spätestens mit der ersten Aktion der PKK 1984 begann der ausdauernde Aufstand der Kurden. Es gibt keinen Zweifel, die PKK setzt Terror als Mittel ein. Es ist deshalb richtig, sie als Terror-Organisation einzustufen, was die Europäische Union ebenso wie die Bundesregierung getan hat. Die PKK besitzt zwar weite Unterstützung innerhalb der kurdischen Bevölkerung, ihr Weg der Gewalt und des Terrors ist und bleibt jedoch falsch. Ich habe diesen Weg immer abgelehnt. Gewalt spaltet und verursacht Leid, egal, wer sie verursacht. Es kann letztlich nur den politischen Weg für eine Lösung geben, zu dem sich beide Seiten verpflichten müssen.

Als die kurdische HDP 2012 auf der politischen Bühne erschien, schöpften viele Kurdinnen und Kurden die Hoffnung, es gäbe nun eine politische Zukunft für sie ohne den schrecklichen Preis des Blutvergießens. Und nicht nur das – die HDP trat zwar als pro-kurdisches Parteienbündnis an, schaffte es aber, ein breites Spektrum liberal-progressiver türkischer Stimmen hinter sich zu versammeln. Der Wahlerfolg vom Juni 2015, als sie über dreizehn Prozent der Stimmen erzielte, machte deutlich, in welche politische Lücke sie vorgestoßen war. Dies erkannte auch Erdoğan und setzt seitdem alles daran, die HDP zurückzudrängen. Mittlerweile sitzt fast die gesamte Parteiführung, samt mehrerer Abgeordneter des türkischen Parlaments, im Gefängnis. Die HDP ist de facto außer Gefecht gesetzt.

Viele Kurden sagen heute, dass Recep Tayyip Erdoğan - abgesehen von einer Unterbrechung zwischen 2011 und 2012 - die von 2005 bis 2015 geführten Friedensgespräche zwischen Regierung und PKK nie ernst genommen habe. Dennoch waren die Verhandlungen sehr wertvoll. Denn die Konturen einer möglichen politischen Einigung sind durch diese Gespräche durchaus sichtbar geworden.

Seitdem Recep Tayyip Erdoğan die Gespräche im Sommer 2015 abrupt beendet hat, erlebt die Türkei eine neue Stufe der Gewalt in der Kurdenfrage. Die PKK griff wieder zu Terroranschlägen, um ihre Ziele zu verfolgen, und begann den Kampf in die Städte zu tragen und dort ganze Stadtteile zu kontrollieren. Der Staat schlug mit nie dagewesener Härte zurück. Die Stadtzentren von Diyarbakir, Cizre, Yüksekova, Silopi und anderen kleineren Städten gibt es nicht mehr. Monatelang wurden diese Städte belagert, bombardiert, ohne Rücksicht auf Kinder, Frauen, Kranke. Zehntausende Familien wurden obdachlos, zahlreiche historische Gebäude zerstört. Der Schmerz über diese Zerstörung kommt in den Texten Aslı Erdoğans in aufwühlender Weise zum Ausdruck.

Im Grunde war die politische Verbindung zwischen den Kurden und Präsident Erdoğan bereits seit dem Kampf um die Stadt Kobanê im Norden Syriens gekappt. Was der Kampf der Kurden um Kobanê und gegen den IS bedeutet, lässt sich durch Aslı Erdoğans Texte erst richtig fühlen. Also kommen wir zurück zu unserer Autorin.

Freiheit für den »kleinen Kanarienvogel«

Lassen Sie mich etwas ausholen und versuchen, mit Ihnen einiges zu teilen, was mir erst bei der Arbeit an diesem Text klar geworden ist. Eingangs habe ich bewusst auf das Erstaunen Aslı Erdoğans hingewiesen und darauf, wie überrascht sie war, als die Polizisten vor ihrer Tür standen. Sie sagte, sie sei nicht einmal Kurdin. Genau das machte sie jedoch für die Politik des Präsidenten so gefährlich. Aslı Erdoğan ist eine »weiße Türkin«. Geboren 1967 in Istanbul, aus einer gebildeten progressiven Familie stammend, war sie von Kindertagen an auf Bildung fokussiert. Eigentlich verwunderlich, dass zwei harmlose Wünsche des kleinen begabten Mädchens, nämlich einen Hund und ein Klavier zu bekommen, nicht erfüllt wurden. Die Enttäuschung darüber, dass ihre Eltern diese Wünsche nicht erfüllten, vertraute sie vor wenigen Jahren dem Filmemacher Osman Okkan an. Seine Dokumentation (*Aslı Erdoğan – Grenzgängerin zwischen Himmel und Tod*, WDR, 2011) empfehle ich jedem und jeder, vor oder nach der Lektüre dieses Buches.

Ballett-Unterricht lenkt Aslı Erdoğan von Hund und Klavier ab. Ballett muss ihr bis heute so viel bedeuten, dass sie es sogar während der kurzen Ausgänge im Gefängnishof übte, obwohl sie sich dabei mehr als einmal schwer erkältete. Es ist eine Liebeserklärung an die kurdischen Frauen, die mit ihr die Zelle teilen, wenn sie beschreibt, wie sie von ihnen nach einer solchen Erkältung bemuttert wird.

Als Schülerin beginnt ihre »Befreiung«, ihr Glück mit der Aufnahme ins Robert-College in Istanbul, ein US-amerikanisches Elitegymnasium direkt am Bosporus.

Anschließend entscheidet sich Aslı Erdoğan für Informatik und Physik, nicht etwa für Literatur, als sie die Aufnahmeprüfung an der Bosporus-Universität schafft. Auch hier erarbeitet sie sich exzellente Noten. Hätte sie weitergemacht, wäre ihre Karriere als Physikerin sicher sehr erfolgreich verlaufen. Am renommierten und stark männerdominierten CERN bei Genf (sie gehörte zu den mickrigen vier Prozent Frauen am Institut) fühlt sie sich nicht zu Hause und flüchtet sich vermehrt ins Schreiben. In dieser Zeit entsteht *Der wundersame Mandarin*. Schließlich gibt sie ihre Forschungsstelle am CERN auf und kehrt nach Istanbul zurück. Sie zieht weiter nach Rio de Janeiro, um als Wissenschaftlerin zu arbeiten. Über Rio sagte sie später, dass sie dort das »Gefühl von Freiheit und Isolation« so richtig traf: »In Rio erlebt man traumatische Erfahrungen nicht nur einmal, sondern gleich zehnmal ... Rio ist völlig windstill. Die Stadt hat keinen Atem, keine Seele.« Der »kleine Kanarienvogel«, wie sie sich selbst bezeichnet, flüchtete in seinen »Käfig« Istanbul zurück. Der Roman *Die Stadt mit der roten Pelerine* ist das literarische Ergebnis des Aufenthaltes in Rio.

Als sie sich endgültig für die Literatur und das Schreiben entschieden hatte, folgte bald Preis auf Preis, der

Sait-Faik-Preis ist sicherlich der wichtigste. Aslı Erdoğans Kommentar dazu: »Es bedeutet mir sehr viel, dass mein Buch *Das Steinhaus* diesen Preis bekommen hat. Es ist immerhin ein Buch über Folter. Sait Faik, in dessen Namen dieser Preis vergeben wird, ist für mich der größte Autor der türkischen Literatur.« Ich glaube, dass die Kritikerin Asuman Kafaoğlu die Bedeutung von Aslı Erdoğan für die türkische Literatur sehr zutreffend beschrieben hat: »Aslı Erdoğan ist etwas Besonderes in der türkischen Literatur. Ihr Erzählstil ist anders, hebt sich ab – und sie hält uns einen Spiegel vor, indem sie es wagt, in die dunkelsten Tiefen unserer menschlichen Seele hinabzusteigen.«

Der »kleine Kanarienvogel« ist in diesen Tagen bedroht. Aslı Erdoğan wird ihrer Luft, ihrer Freiheit beraubt. Es droht ihr nicht nur eine hohe Gefängnisstrafe. Sie darf die Türkei auch nicht verlassen. Wie schwer muss es gerade ihr fallen. Ihre enge Bindung an Europa erklärte sie einmal so: »Dass ich inzwischen in der Türkei ernst genommen werde, hat nicht zuletzt mit Europa zu tun. Ich konnte mich über Wasser halten, indem ich in Europa bekannt wurde. Meine Bücher wurden dort verkauft. Ich bekam einige Stipendien. Ich konnte mir also Milch, Brot, Zigaretten und Tee kaufen. Ich gewann gleichzeitig etwas Distanz zur Türkei. In den letzten sieben Jahren war ich jedes Jahr drei bis fünf Monate im Ausland. *Die Stadt mit der roten Pelerine* wurde zuerst in Europa relativ breit wahrgenommen; allein in Deutschland erschienen über sechzig Besprechungen. So gesehen hat Europa mein Leben gerettet, so könnte ich das ausdrücken. In der Türkei rang ich als Schriftstellerin mit dem Tode, war kaum noch lebendig.

Der Erfolg in Europa, ich nenne es mal Erfolg, veränderte den Blick der türkischen Leser auf mich.«

Als Schriftstellerin ist Aslı Erdoğan längst auch in der Türkei angekommen. Sie wird jedoch heute aus politischen Gründen, aufgrund ihrer Überzeugung, ihrer Arbeit, ihrer Literatur verfolgt. Sie wird bedroht, weil sie der türkischen Gesellschaft den Spiegel vorhält. Aus ihrer Klage spricht der Schmerz der kurdischen Mütter. Sie braucht die Freiheit, um atmen zu können. Der »kleine Kanarienvogel« wird nur überleben, wenn die Tür des Käfigs offen bleibt und er fliegen kann. Lassen Sie uns Aslı Erdoğan nicht vergessen und darauf bestehen, dass sie reisen, uns auch hier in Deutschland besuchen und weiterhin ihre einzigartigen Geschichten erzählen kann.

Cem Özdemir, im Februar 2017

Am Fuß einer Mauer

Ob er wirklich jemand war, der auf den Straßen Altpapier aufsammelte und verkaufte, oder eher ein Zivilpolizist – er hatte so eine Andeutung gemacht – werde ich nie erfahren. Mal um Mal sage ich zu ihm, er habe »mein Leben gerettet«, weil ich es gern hören will, weil ich nach einer Tür suche, die aus dieser Nacht herausführt, weil ich eine Parole brauche, um herausgelassen zu werden. Ich verwandele diese Nacht in eine persönliche Geschichte, die in der Vergangenheitsform erzählt und zwischen Satzzeichen verstaut werden kann. In Wirklichkeit habe ich mich nicht einmal bedankt.

»Schwester, hinlegen! Auf den Boden! Auf den BODEN!« Er brüllt mit aller Kraft, um den Lärm der Scharfschützengewehre zu übertönen. Er zeigt auf die Mauer. »Lass den Kopf unten!«

Die Nacht des 15. Juli 2016, vor der Militärakademie von Harbiye. Unweit von mir, beim alten Rundfunkgebäude, tobt seit Stunden ein schreckliches Gefecht, ununterbrochen transportieren Krankenwagen Verwundete ab, es gibt Tote. Um die Militärakademie herum sind Scharfschützen positioniert, sie erlauben niemandem, über die Straße zu gehen. Auf dem gegenüberliegenden Bürgersteig kauern etwa zweihundert Leute, ab und an rufen sie Parolen und brüllen »Allahu

Akbar«, springen auf und versuchen loszurennen, dann fallen Schüsse und sie legen sich wieder auf den Asphalt. Wir sind nicht an der Front, sondern auf einem der weitläufigen, luftigen Boulevards Istanbuls, und es gibt nichts, wo man in Deckung gehen könnte, weder Glas noch Blech noch Plastik schützt vor Krieg. »Unsere Straßenseite ist sicherer«, hatte der Altpapiersammler gerade noch gesagt, bevor die Scharfschützen drei bis fünf Personen ausmachten, die sich in der Finsternis verborgen hielten.

Als ich in einer SMS geschrieben hatte: »Bin zu Hause angekommen. Es ist Putsch. Ich bin okay«, und dann wieder losgegangen war, wollte ich nur kurz schauen, was in Mecidiyeköy los war. Hätte mir der Polizist an der ersten Kreuzung nicht höflich gestattet weiterzugehen, ich hätte es sicher nicht darauf angelegt, wäre nicht auf die Idee gekommen, es mit den Seitenstraßen zu versuchen. Die Straßen sind nämlich noch nicht voll, sie wirken verlassen ... Gruppen von Menschen, die direkt auf den ersten Aufruf reagiert haben, schieben sich angespannt wie ein Bogen und nur ganz zögerlich mal eine Parole skandierend in Richtung Taksim-Platz vor. Vor den Geldautomaten und Bäckereien kleine Schlangen, eine knallbunte Parade der Feuerwehr mit tönenden Sirenen. Kein einziger Soldat ist zu sehen, ganz anders als beim Militärputsch am 12. September 1980, es herrscht auch eine ganz andere Stimmung als bei den Gezi-Park-Protesten. Es ist viel unschärfer und unheimlicher. Ich fühle mich wie in einem Theater, wo unter Pauken und Trompeten, bei gedimmtem Licht das Bühnenbild umgebaut wird. Als müsse diese Nacht über ihre Grenzen treten, als würde sie an ihre Extrempunkte gezerrt, bis sie zu einer prunkvollen, aber misslungenen Imitation ihrer selbst wird.

Die Menschenmenge wird zunehmend größer und wirkt zusammengeschweißter. In Osmanbey kommt sie zum Stehen. Die ersten Schüsse. Durcheinander. Panik. Manche laufen in die entgegengesetzte Richtung davon, andere stürmen in die Seitenstraßen. Schnell verbreitet sich die Nachricht, dass die Soldaten das Feuer eröffnet haben. Wir begegnen uns an einer Kreuzung und fangen sofort an zu sprechen. Eine junge Frau mit Kopftuch und Flagge erzählt mir unter den tadelnden Blicken ihrer Begleiter – sie vertrauen mir wohl nicht, mit meinem blauen Kleid und meinem Schweigen –: »Die Soldaten haben aus dem Panzer heraus das Feuer eröffnet. Genau vor mir stand einer, der wurde an der Stirn erwischt. Neben mir war noch einer, der am Bein getroffen wurde.« Ihre Augen waren riesengroß geworden, sie bekam sie kaum noch im Gesicht unter, über das Flammen des Leids huschten: »Der ist TOT, oder? Wenn man an der Stirn getroffen wird, stirbt man doch, oder?« Unwillkürlich schreie ich auf, lasse mich mitschleifen in Richtung der Schussgeräusche, die immer heftiger werden; wie ein unvertäutes Boot im Wind. Der furchtbare Lärm der Sturmgewehre hallt zwischen den Gebäuden wider. Jetzt schon ist die Nacht durchschossen wie ein Sieb, in ihren Wunden und Kratern fermentiert eine andere Form von Finsternis. Zunächst einmal schließe ich mich der vom Sperrfeuer zusammengedrängten Masse an, die wie ineinander verklebt wirkt, die auf einmal keine Klassen oder Standesunterschiede mehr kennt.[1] Überall die riesigen Flaggen, manche haben sich in sie eingehüllt wie in

31

ein Leichentuch. Mustafa Kemals Soldaten haben sich ihre Symbole durch Recep Tayyip Erdoğans Gefolgsleute wegnehmen lassen. Jetzt sind sie es, die sagen: »Dieses Land gehört uns, dieser Staat gehört uns!« Je mehr Schüsse fallen, desto wütender wird die versammelte Menge, und ich renne auf die Militärakademie zu. Das Panzerfahrzeug hat das Viertel fast leer hinterlassen.

Jetzt liege ich direkt unter einer Mauer zwischen zwei Männern, die vermutlich Polizisten sind, habe meinen Kopf in beide Arme gebeugt und warte.

Inmitten der Wut der Menschenmasse, die durch die Salven der automatischen Gewehre aufgepeitscht wird. Inmitten eines vollkommen realen Krieges, der zugleich weniger wirklich erscheint als ein Tagtraum, der überhaupt nichts mit mir zu tun hat. Und ich fühle mich, als sei ich an der entferntesten und mir fremdesten Ecke der Welt gelandet. Zwischen Nichtwegkönnen und Nichtbleibenkönnen bin ich unter nagenden Zweifeln zum Fragezeichen zusammengekrümmt. Zwischen Regen und Traufe, zwischen der Finsternis der Nacht und der Finsternis des Menschen ...

***

Eine donnernde Explosion erschüttert die Erde, die Stadt wackelt wie ein schlecht verschraubtes Reklameschild. Wir denken alle an Bomben aus der Luft, nur einer ist steif und fest überzeugt, dass es eine Bodenrakete sein müsse. »Schau«, sagt der Altpapiersammler - der Polizist, als unterweise er einen blutjungen Rekruten: »Das da oben über unseren Köpfen, das ist eine F16. Und direkt dahinter eine F4!« Die Mechanik der Wellen, die beim Überschreiten der Schallgeschwindigkeit zu einem Knall führen, musste ich vor vielen Jahren als Physikstudentin berechnen. Mehrere Knalle direkt hintereinander. Sie übertönen sogar den unerträglichen Lärm der G3-Sturmgewehre, der wie Hammerschläge von innen und außen auf meinen Kopf einprasselt. Riesige Löcher und Gruben öffnen sich in der Nacht, die Wirklichkeit läuft über wie anschwellendes Flutwasser, wird schlaff, wie ein Bühnenbild aus Pappmaché. Was zurückbleibt sind nur Stimmen. Stimmen, die sich kaum aushalten lassen, vor denen es aber auch kein Entrinnen gibt. Finsternis. Finsternis liegt in Streifen auf den Steinen wie Auslegeware; lange, regungslose Schatten, in die Kälte und Feuchte der Wand getaucht. In ihren eigenen Schatten sind ein paar Leute zusammengepfercht, so steif, dass man sich fragt, ob ihr Blut noch zirkuliert. Keine Ahnung aus welcher Motivation heraus, ohne zu schauen, wie spät es eigentlich ist, rufe ich meine Mutter an. Dies ist eine andere Zeit, in der Stunden nichts gelten, Uhren werden diese Zeit nicht erschüttern können. Ich möchte eine Stimme aus der Ferne hören, ich möchte mich versteckt im Zelt meiner eigenen Nacht an ihr festhalten und aufrichten. Doch höre ich nicht, was sie sagt. »Was suchst du da?«, fragt sie und seufzt. (Zwei Straßenhunde sind von dem Knallen verrückt geworden und rennen hektisch an mir vorbei, einer hinter dem anderen wie gut gedrillte Soldaten, sie rennen mit voller Geschwindigkeit, nach unten, ins Zentrum der Gefechte, direkt auf den Kugelhagel zu. Auf dem Bürgersteig gegenüber steht ein hochgewachsener Mann auf und brüllt wütend: »Irgendwann ist deine Munition alle!« Er hebt seine

Hände, zeigt seine leeren Handflächen, den Scharfschützen, deren Positionen er in der Dunkelheit nicht ganz auszumachen vermag, als wolle er sagen: Schaut, ich habe keine Waffen, aber mit diesen Händen strecke ich euch nieder. Vorhin hatte ich versucht, mit zwei fünfzehn-, sechzehnjährigen Afghanen zu sprechen, die sich hinter einem gertenschlanken Baumsetzling verstecken wollten – sie hatten mich gefragt: »Ist das der Krieg zwischen Türken und Kurden?« Jetzt sehe ich sie aufbrechen mit der Gelassenheit von Menschen, die aus einem weitaus gewaltvolleren Krieg gekommen sind. Doch auch sie flüchten sich an eine Bushaltestelle keine dreißig Meter weiter und legen sich auf den Boden.) Ich finde keine Antwort, ich sehe keine Aufgabe für mich in dem Ganzen, nicht mal ein Selbst sehe ich mehr.

Ich bin an einem der toten Punkte des Schicksals, wo alle Wege sich ineinander verschlingen und verknoten, es ist wie in einem Sarg: ohne Licht, ohne Ausweg, ohne Umkehr. Es gibt hier keine Zeit, die im Jetzt ankommen könnte, die durch ein Nadelöhr rieselnd vergehen würde, und es gibt auch kein Ich, das auf dem Boden eines Jetzt seine Ganzheit und Kontinuität bewahren könnte. Nichts mehr ist hier, nichts, was die Wörter noch voneinander trennen könnte. Alle Wörter lösen sich im gleichen, finsteren Wust auf und zerfließen, gemeinsam mit ihren Gegenteilen, es ist nichts mehr da, was die Hoffnung noch von der Verzweiflung, die Angst noch von der Furchtlosigkeit, das Gestorbensein noch vom Nichtgestorbensein trennen würde.

»Zwei Hunde sind an mir vorbeigelaufen«, schreie ich in das Telefon in meiner Faust, »sie rannten wie wild. Ich wollte sie aufhalten. Also, hätte gern.« Abgehackte, abgebrochene Sätze. Meine Stimme ist belegt, und das macht meine Worte unleserlich wie versengtes Papier. Letztendlich muss ich auch mich selber in diese Geschichte hineinschreiben, ansonsten wird sie, die Geschichte, die diese Nacht sich ersann, mich irgendwo einfügen. »HEB DEN KOPF NICHT HOCH, SCHWESTER! Wie oft denn noch!«, sagt mein Ausbilder ...

(Was ich erzähle, ist eine voll und ganz wahre Geschichte. Aber es ist auch eine voll und ganz persönliche Geschichte.)

* * *

»Er hat mir das Leben gerettet.« Ich hab es mehrere Male, in der dritten Person Singular und in der Vergangenheitsform, gesagt. Ich glaube nicht, dass ich es hören konnte. Ich wiederhole es wie eine Parole, ich suche eine Tür, die mich aus der Nacht herausführt. Es gibt Momente, in denen die Wirklichkeit wirklich ist, nur Momente. Sie sind ausweglos und anonym wie der Fuß der Mauer. Geschichten kommen später, sie verstauen die Endlosigkeit der Realität – der Nacht, des Krieges – zwischen Satzzeichen. Auch diese Geschichte, diese Fiktion der Nacht, die sich immer weiter ausdehnt, je mehr sie durchlöchert wird, bis sie sich in ein unendliches Netz verwandelt, füllt die Nacht mit unseren Körpern oder unseren Wörtern, und so hoffen wir, ihr wieder eine Form zu verleihen. Ich glaube nicht, dass er ein Altpapiersammler war, sondern eher ein erfahrener Polizist. »Hinlegen, hinlegen, HINLEGEN!«, schrie er, und zeigte auf den Fuß der Mauer, an dem wir beide Schutz gesucht hatten.

(Das war alles!) Er war mein einziger Freund in jener Nacht, es kam mir nicht einmal in den Sinn, mich bei ihm zu bedanken.

Die Nacht des 15. Juli 2016, vor der Militärakademie von Harbiye. Etwas weiter vorn, beim alten Rundfunkgebäude, tobte seit Stunden ein Gefecht, es ging jetzt dem Ende zu, man rief schon: »Ergeben Sie sich!«, die Krankenwagen transportieren mit Erlaubnis der Scharfschützen Verwundete ab ... Als die F16 über uns flogen, lockerte sich der Feuerring, der die Zivilpersonen auf dem Bürgersteig in reglose Starre versetzt hatte. Unter dem Lärm der Bombenexplosionen und Erschütterungen suche ich Schutz am Fuß von Gebäuden, in Ecken, hinter Bäumen, während ich Schritt um Schritt den Rückzug antrete. »Schwester, du hast es jetzt raus!«, sagt mein Ausbilder, das war wohl sein Abschiedssatz.

Gefühle und Erfahrungen kommen viel später, sehr spät. Abgekühlter Bodensatz, nicht identifizierbar. Weil sie keine Nischen im Ich finden können, um sich darin einzurichten, wachsen sie wie stechende Dornen. Auch die Zeit hat sich befreit vom Fuß der Mauer, wo sie zusammengestaucht war, im Laufschritt tritt sie vor mich hin und drückt die Nacht an ihr Ende. Es wird bald Morgen, die Maske der Finsternis bröckelt ab, aber hinter ihr wird kein Gesicht erkennbar. Wie ein Gespenst gleite ich über die Straßen, auf denen ich herkam, die gleichen Boulevards, die wohlvertrauten Straßen, sie sind nur irgendwie länger oder kürzer geworden, haben sich verformt. Sie scheinen mich auch nicht mehr zu erkennen, sie wollen diese neue Last nicht tragen, diese Erschöpfung ... Es ist, als müsse ich jeden meiner Schritte aus festem, klebrigen Matsch herausziehen. Da, wo ein bösartiges Geschöpf haust, das Blut geleckt hat, will ich verzweifelt schneller werden, ich muss auf Stelzen laufen ... Verzweifelt versuche ich mich unsichtbar zu machen, in der lichter werdenden Dunkelheit zu schmelzen und zu zerfließen, mich unter die Schatten zu mischen, zu einem Stein zu werden, zu Lehm zu werden, zu jenem letzten Stückchen zu werden, das ich von der zerstückelten Nacht abzureißen vermochte. Ich friere, als hätte ein mir völlig unbekannter Mensch mich in den Arm genommen und sei dann gestorben, und ich fröre unter diesem unerträglichen Gewicht der starren Umarmung, ich friere in einer Julinacht so stark, dass mein Verstand es nicht mehr fassen kann, wer weiß, wie viele Stunden ich schon zittere.

Vom gegenüberliegenden Bürgersteig her fasst er mich ins Auge und rennt auf mich zu. Ein riesiger Straßenhund, ungefähr so groß wie ein Braunbär und von ähnlicher Farbe – wohl ein Hirtenhund-Mischling –, mit einer Nase, dick wie eine Schrotflinte, und heraushängender Zunge! Offensichtlich ist er Menschen gewöhnt und sucht sich eine Begleitung, eine Genossin für seinen weiteren Weg. Selbst er hat verstanden, dass er aus dieser schrecklichen Nacht voller Bedrohungen nicht allein herauskommen wird. Während er ernsthaft und sehr bemüht die Rolle eines Hundes mit Besitzerin spielt, achtet er sehr auf die Armlänge Abstand zwischen uns und passt seine Schritte an meine kraftlosen an. Er registriert die Umgebung aufmerksam und plustert sich auf wie ein Raufbold gegenüber potentiellen Feinden und Belästigern, voller Stolz, mich schützen zu können ... (Dabei gehören wir beide diesem Weg, dieser Nachtwanderung durch die Stadt, die wackelt wie ein schlecht verschraubtes Reklameschild.) Die kleinen, aggressiven Horden, die von den F16 zusammengehalten wurden, würden einer Frau, die um diese Zeit allein unterwegs ist, sicher nicht den Geist politischer Solidarität entgegenbringen. An verlassenen Straßenecken dränge ich mich dicht an meinen Genossen und er ist überrascht, dass ich mich an Orten fürchte, wo er keinen menschlichen Geruch wahrnimmt. Und wenn wir einer schreienden Meute mit Knüppeln und Fahnen begegnen, drängt er sich an mich. Er will nicht gestreichelt werden, vielleicht findet er das in einer Nacht wie dieser unangebracht und heuchlerisch, vielleicht ist Zärtlichkeit für ihn eine Erinnerung, die nur Schmerz bringt ... Einmal verlässt er mich und läuft, Katzen und andere Hunde in die Flucht schlagend, zu dem Wasserbecken vor dem Grand Cevahir Hotel und springt rein. Wenige Minuten später, als die F16 ein weiteres Mal einen Überschallknall hinlegen, drückt er sich pitschnass an meine Knie ... Unter den ersten Strahlen des Tageslichts trennen wir uns an der letzten Kreuzung. Hastig, wie zwei besiegte Krieger, für die es kein Trost ist, am Leben geblieben zu sein, und ohne uns zu verabschieden ... Wie zwei Schiffbrüchige, die vom Meer freigegeben werden, nachdem der Sturm sich legte, entfernen wir uns im Laufschritt in entgegengesetzte Richtungen. Wir beide hoffen, das Leben dort wiederzufinden, wo wir es zurückgelassen haben.

Lang schon ist der Tag angebrochen, aber er scheint am blutroten Horizont hängen zu bleiben wie an einem Haken. (Auf der Bosporusbrücke beginnen die Lynchmorde.) Er ist eher die Verlängerung der Nacht als ein wirklich neuer Tag.

Das Licht kommt von einer ferneren, kälteren Sonne, es wärmt nicht, es tröstet nicht, es verspricht den geretteten, oder verlorenen Lebendigen nichts.

Aus dem Türkischen von Oliver Kontny

---

1. Eine Anspielung auf eine Maxime der Staatsgründer um Atatürk.

Unsere Zeitung

Als ich das Haus verließ, hatte der Regen gerade begonnen und es war abzusehen, dass er sehr heftig werden würde. Ich bin trotzdem nicht umgekehrt, um meinen Schirm zu holen. Der Weg ins Stadtzentrum, an die Ufer des Sees, würde eine knappe halbe Stunde dauern.[1] Jeden Tag laufe ich entlang der Straßenbahnschienen die halbe Stunde den Hang hinunter, um an dem einzigen Kiosk vorbeizukommen, der unsere Zeitung hat.[2] Ich gehe durch eine Landschaft mit sehr hohen Bäumen und ausladenden Gärten mit gepflegten Gebäuden, die wirken, als stünden sie das ganze Jahr leer. In allen vier Himmelsrichtungen grüne Hügel mit seichten Hängen. Das traurige, fliederstichige Braun der Berge, die dann und wann hinter dem Nebel auftauchen. Es riecht nach feuchter Erde.

Auf die Magnolien, die über und über mit fast hörbarer Freude Blüten treiben, ist am Sonntag noch Schnee gefallen. Lachend im Spiel versunken warfen sie sich mitten in ein Leben, das sie eben noch voller Leidenschaft auskosten wollten, und jetzt, da sie seine »Wirklichkeit« oder eher seine Verlogenheit spüren mussten, stehen sie still da und klammern sich kauernd aneinander.

Ich überquere die erste Kreuzung und bleibe dort stehen,

wo ich jeden Tag stehen bleibe und darauf hoffe, mir selbst zu begegnen, nämlich vor dem bezaubernden Schaufenster einer Tierhandlung. In einem riesigen, komfortablen Käfig sitzen drei Wellensittiche und warten seit Monaten auf Abnehmer. Wie aus Trotz gegenüber den harmonischen, zurückhaltenden Farben der Stadt ist einer goldgelb, der zweite türkis und der dritte grün wie der Amazonaswald. Der blaue ist neugierig und scherzt gern, er liebt es, sich zu überschlagen, der goldene ist ein wenig zierlich, zurückhaltend und unsicher, der dritte voller Feingefühl. Hier stehe ich jeden Tag vor der Vitrine und versuche, meinem eigenen Spiegelbild auszuweichen und ans Gefängnis zu denken.

Sollte der missmutige Tierhändler, der mich ohnehin schon schief anschaut und immer neue Hindernisse zwischen die Vögel und mich räumt, sogar Gardinen vorzieht, sich eines Tages ein Herz fassen und mich ansprechen und fragen, warum ich im strömenden Regen ganz allein minutenlang vor seiner Scheibe stehe, dann werde auch ich mir ein Herz fassen und sagen: »Ich denke ans Gefängnis. Wissen Sie, ich hatte eine Freundin, die fütterte im Gefängnis Wellensittiche. Und sie erzählte mir von einer anderen Freundin, die lebenslänglich saß und Krebspatientin war. Vor zwei Tagen hab ich in der Zeitung, in unserer Zeitung, gelesen, dass sie tot ist.« Sollte der Mann mit dem missmutigen Blick mich ansprechen, warum ich minutenlang im Regen stehe und mit den Vögeln spreche, dann werde ich ihm sagen: »Eine andere Freundin von mir ... war auch im Gefängnis. Glücklicherweise wurde sie entlassen. Ich rufe sie von hier aus an, immer wieder, aber ich erreiche sie nicht.

Hoffentlich wird auch ihr Sohn bald freigelassen ...« Oder ich schere mich nicht darum, ob er mir zuhört oder nicht, und erzähle stundenlang: »Als ich vor Jahren [von hier] in mein Land zurückkehrte[3], gab es in den Gefängnissen Hungerstreiks. Und dann wieder, Jahre später, als ich gerade anfing, Zeitungskolumnen zu schreiben, da sind auch sehr viele Menschen gestorben. Ich wollte darüber schreiben, über den Hunger ... Es war der 59. Tag des Hungerstreiks, die Medien schwiegen, obwohl die Menschen kurz vor dem Tod waren ...« Der amazonasgrüne Vogel versteht mich wirklich, er streckt mir seinen Schnabel durch die Käfigstäbe und die perlenbestickte Plastikgardine hindurch entgegen, als sei er durstig. Dabei habe ich nichts für ihn in der Hand und er weiß das.

Der Geschäftsinhaber fragt mich überhaupt nichts, er dreht mir den Rücken zu und verschwindet. Der Regen wird so heftig, dass mir Tropfen direkt in die Augen fallen. Ich stehe vor einer sich verdunkelnden Scheibe an einem Schaufenster voller Plüschhunde und werde nass bis auf die Kindheit. Vielleicht dort, im Wald der Kindheit ... Ein schwerer, ganz dunkler, intensiver Tropfen: Was sich nicht erzählen lässt ... (Als Kind hatte ich Angst vor Vögeln. Ein Mensch, den ich vor vielen Jahren verlor, lehrte mich, mit ihnen zu sprechen. Dank meiner vielen Gefängnisbesuche kann ich das jetzt recht gut. Ich glaube, die Vögel hören mir mittlerweile zu.) Ein Vogel, der so grün ist wie die Wälder, aus denen ich einst als Überlebende herauskam, starrt mir in die Augen, streckt mir seinen Schnabel entgegen, als wollte er mich trösten, und schweigt.

43

Ich gehe weiter. Die Stadt, die Menschen, das Seeufer ...
Ich gelange an den Kiosk, aber unsere Zeitung ist ausverkauft.

***

Eine kurze, wahre Geschichte: »Eure Zeitung kauf ich an
den Tagen, an denen deine Artikel erscheinen«, sagt mir
eine Stimme am Telefon. »Ich kriege sie nur bei dem Laden
an der Hauptstraße. Er zieht sie von irgendwo hinten hervor, als müsse er sie unter der Ladentheke verkaufen. Letzte
Woche, als der Verkäufer nach der Zeitung und ich nach
meinem Portemonnaie kramte, stand plötzlich ein junger
Mann aus dem Südosten[4] neben mir. Er sei auf der Suche
nach Arbeit auf einer Baustelle. Ich aber hatte mein Portemonnaie zu Hause vergessen. Es war mir sehr unangenehm,
aber ich fragte nach dem Preis und suchte die paar Mün-
zen zusammen, die ich noch in der Hosentasche hatte. Der
Junge schaute mich an und dann die Zeitung. ›Schwester‹,
sagte er, ›Das ist mein letztes Geld, damit du deine Zeitung
lesen kannst.‹ Er streckte mir 25 Kuruş hin. Ich hab mich
so geschämt, ich hatte ja sogar meine EC-Karte dabei, aber
wie das so ist ... Ich konnte ihm leider nicht helfen. Er hätte
es wahrscheinlich auch gar nicht gewollt. Ich hab es ihm
aber nicht einmal angeboten. Ich war so müde und schämte
mich so. Manchmal hat man ja ein Brett vor dem Kopf. Du
kennst das ...«

»Ich kenn das«, sage ich knapp. »Darf ich das schreiben?«

Aus dem Türkischen von Oliver Kontny

1. Es handelt sich um den Genfer See.
2. *Özgür Gündem.* Aslı Erdoğans Tätigkeit im Beirat dieser traditionellen kurdischen Oppositionszeitung ist Hauptanklagepunkt im derzeit anhängigen Verfahren.
3. Zwischen 1991 und 1993 arbeitete die Physikerin am CERN in Genf an der Erforschung des Higgs-Bosons.
4. Ein »unverfänglicher« Code, mit dem Türken Kurden bezeichnen, ohne das Wort zu benutzen.

Das riesige Trümmerfeld unseres Gedächtnisses

In Anlehnung an ein Sonett von Shakespeare habe ich schon einmal diesen Satz geschrieben, der für jede Lesart, sei sie nun persönlich, gesellschaftlich, literarisch, pädagogisch etc. offen ist: Sein wahres Gesicht zeigt der Mensch, wenn er sich für seine Taten zu rechtfertigen sucht, und im Versuch, sich von seiner »Schuld« zu reinigen, lädt er die wahrste, furchtbarste Schuld auf sich.

Ein Parlamentsbeschluss[1] im fernen Deutschland, der ausdrücklich nur politischen und nicht rechtlichen Charakter aufweist, wurde im Handumdrehen zum Spiegel, der dem Innersten unserer Seele vorgehalten wird. Und in diesem Spiegel, vor den wir uns noch immer nicht gewagt haben, liegen die Schutthaufen monatelang mit Panzern beschossener Städte, liegen namenlose, zerfetzte Kadaver, und es steigt ein fauliger, ätzender Gestank auf, den wir nicht mehr loswerden. Ich zitiere aus Reden unserer »Staatsoberhäupter«: »Geschichtslüge«, »null und nichtig«, »unmoralisches Gesetz«, »rassistische Armenierlobby«, »Handlanger deutscher Unrechtsstaatlichkeit«, »das türkische Volk hat sich noch nie etwas zuschulden kommen lassen«, »das türkische Volk ist seit jeher ein Vorbild an Barmherzigkeit«,

»Verleumdung unserer Ahnen«, »entartete Verräter« ... Wenn
wir aus einer schreierischen Feindseligkeit heraus, die keinerlei Raum für Objektivität und das Hinterfragen von Fakten
lässt, in der »Geschichte« nur die Spuren vergangener Größe
suchen, mangelt es uns auf entsetzliche Weise an Mitgefühl
dafür, was Menschen erlebt und erlitten haben. Unser kollek-
tives Gedächtnis ist ein riesiges Trümmerfeld, in dem Vergangenheit und Gegenwart, Mörder und Opfer kreuz und quer
durcheinanderliegen. Geschickt sind wir nur darin, das Ver-
derben, das wir mit eigenen Händen angerichtet haben, zu
vertuschen und uns aus der Affäre zu ziehen.

Vor lauter Bestreben, Aussagen nicht nach ihrer Beweis-
barkeit zu beurteilen, sondern ausschließlich nach ihrem
Urheber (»Ist er für oder gegen uns?«), bleibt eine Frage auf
der Strecke, und zwar die nach der WAHRHEIT.

Wissen wir tatsächlich nicht, dass im Fundament des
Gebäudes, von dessen Balkon herab wir große Reden schwin-
gen, lauter Tote eingemauert sind?

Wenn auch der Begriff »Rasse« eine europäische Erfindung
sein mag, ist es mehr als verwegen zu behaupten, in der Türkei
gebe es keinen Rassismus und werde es auch nie einen geben.
(Zu dem Thema braucht man nur mal hier lebende Schwarze
zu befragen.) In einem kurzen Artikel ist es natürlich nicht möglich, eine endgültige Definition von Rassismus zu liefern, diesen wiederum vom Nationalismus abzugrenzen, mit dem er oft
Hand in Hand geht; den Weg nachzuzeichnen, der von einem
biologisch begründeten zu einem kulturellen, fast ohne »Rasse« auskommenden Rassismus geführt hat; oder auch sich
hinreichend damit zu befassen, wie ethnische, nationale und

religiöse Gruppen – selbstverständlich auch Berufsgruppen – in hierarchische Strukturen eingebunden werden, also kurz gesagt, wie die Beziehungslinien zwischen Rasse, Volk und Klasse verlaufen. (In früheren Artikeln bin ich auf Rassismus im Zusammenhang mit der »türkischen« und der »kurdischen« Identität, mit Antisemitismus, Sexismus, Militarismus und der Bürgerrechtsbewegung der Schwarzen eingegangen.)

Demnächst werde ich mich mit dem Zusammenhang zwischen zwei Spielarten des Rassismus beschäftigen, die zunächst gegensätzlich erscheinen, aber sehr wohl nebeneinander existieren und von der einen in die andere übergehen können, nämlich mit dem »ausschließenden Rassismus« (Segregation, Säuberung, Vernichtung) und jenem anderen Rassismus, der zunächst Druck ausübt und letztendlich auf Assimilation abzielt. Vorläufig möchte ich nur die Frage in den Raum stellen, wer eigentlich glauben soll, es könne in einem Land keinen Rassismus geben, in dem staatliche Stellen sich in Anspielungen auf »schlechtes Blut« und »schlechte Muttermilch« ergehen.

Wir haben einem Volk den Garaus gemacht, das hier Tausende von Jahren gelebt hatte. Haben so Schreckliches getan, dass die Überlebenden es nur als »Große Katastrophe«[2] benennen konnten. Vielleicht kann man die Vergangenheit nicht mit jetzigen Maßstäben bewerten, doch wir Heutigen begehen unser eigentliches Verbrechen dadurch, dass wir weghören und schweigen. Nicht nur zu den Ereignissen von 1915 oder 1938, sondern auch zu dem, was heute geschieht, in dieser Stunde …

Aus dem Türkischen von Gerhard Meier

1. Am 2. Juni 2016 beschloss der Bundestag, die Massentötung von Hunderttausenden Armeniern im Osmanischen Reich als Völkermord einzustufen.
2. Nach wie vor ist es in der Türkei ein Tabu, von einem Genozid zu sprechen. Der armenischstämmige HDP-Abgeordnete Garo Paylan wurde im Januar 2017 von drei Parlamentssitzungen ausgeschlossen, weil er zuvor in einer Rede das Wort Genozid benutzt hatte. Im Mai 2016 war er von AKP-Abgeordneten im Plenarsaal zusammengeschlagen worden; über die Täter wurden keine vergleichbaren Sanktionen verhängt.

Opfer werden

Der Rechtsanwalt stammte aus einer Familie aus Dersim. Er benutzte Worte wie Patronen, keines verschoss er ohne zu zielen. Er hatte in einem offen fremdenfeindlichen Land den Fall einer Migrantin vertreten, die nach einer Gebärmutterbiopsie ohne Narkose gestorben war, und er hatte gewonnen. Ähnliches war mir jetzt passiert.[1] Gegen ein institutionelles Fanal hatte er einen ersten, juristischen Sieg errungen. Er war der Meinung, es sei meine moralische Pflicht, ebenfalls vor Gericht zu gehen. Ich hatte keine Kraft mehr. Als Autorin, die in Europa bekannt ist und in ihrem eigenen Land ausgegrenzt wird, fürchtete ich mich vor den Wellen, die dieser Schritt schlagen würde. Außerdem hatte man sich bei mir entschuldigt. Zum ersten Mal. »Sie tun sich selbst Unrecht, aber damit tun Sie allen Opfern Unrecht«, sagte er zu mir.

Sollte ich nun wieder das Wort verwenden, das ich seit drei Jahren nicht mehr in den Mund genommen hatte: Opfer? Die Bürde eines einsamen Schreis auf mich nehmen? Oft heißt es, »Opfer« würden sich entweder im völligen Schweigen einrichten oder pausenlos sprechen, geschwätzig werden. Ich taumele zwischen den beiden Extremen.

Das Opfer in sich zum Schweigen bringen heißt, mit einem System zu kooperieren, in dem verschiedene Akteure einander die Hand reichen, um das Opfer um seine Verletzung zu bringen, es in Abrede zu stellen oder in eine bestimmte Hierarchie einzuordnen, um es zu enteignen. »Opfer« ist, wessen Ehrlichkeit oder Unschuld ununterbrochen auf die Probe gestellt wird. Aber dies zur Sprache zu bringen, das, was einen zum Opfer machte, anzusprechen heißt andererseits, das nämliche Trauma in der inneren und äußeren Wirklichkeit immer und immer wieder heraufzubeschwören, bis es zu einem Begutachtungsobjekt wird wie eine Fliege in Bernstein. Wie dem auch sei, Menschen, die brennen oder sich fürchten, stoßen Schreie aus.

Mein persönliches Rezept lautet (wobei ich weiß, dass niemand jemandem anderen beibringen kann, wie sie oder er das eigene Trauma zu tragen hat), jedes Leben mit einem Gefühl fürs Schicksal zu betrachten. Aus dem Meer an Schmerzen, das die Welt und gerade unser Teil der Welt ist, wurde mir ein Becher voll zugemessen. Insofern er mich lehrt, mich den Schmerzen der anderen zu öffnen, ist dieser Becher nicht vergeblich geleert worden. Aber kann ich davon ausgehen, dass ich den Opfern, über die ich schreibe oder schweige, überhaupt gerecht werde? Wenn ich versuche, in ihrem Schmerz den Schmerz der Menschheit zur Sprache zu bringen, kann ich behaupten zu wissen, was genau es ist, das ich ihren Schmerzen gegenüber einfordere – Empathie, Respekt, Gerechtigkeit, was auch immer? Ich kann nicht anders eine Antwort finden, als indem ich dem Opfer in die Augen blicke und frage.

Wenn mir ein »weiblicher Autor« erzählen würde, dass es zu dem Zeitpunkt, an dem ihr erster Roman[2] in Frankreich erscheint, in ihrem eigenen Land nur Schlagzeilen macht, »dass sie keinen BH trägt«[3] - ich würde in der Tat an der geistigen Gesundheit dieser Autorin zweifeln. Die Bücher und Texte dieser Autorin sind in über zwanzig Sprachen übersetzt worden, sie kann weder alles kontrollieren, was über ihre Texte oder ihre Äußerungen gesagt wird, noch kann sie darauf antworten - sie kann nicht einmal alles, was über sie erscheint, übersetzen lassen und lesen. Wer würde sich denn nicht wünschen, mit Literaturpreisen und Neuerscheinungen Schlagzeilen zu machen - oder damit, dass sie mit einem Autor vom Rang Artauds verglichen wurde? Während all dies mit einem erstaunlichen Schweigen quittiert wird, werden eine Verbrennung, eine Operation, eine Blutung von den Medien ausgeschlachtet[4]. An diesem Punkt bin ich nicht Verantwortliche, sondern Geschädigte. Der gleiche »weibliche Autor« hat jahrelang auf der Straße, bei Podiumsdiskussionen, überall, Kommentare über ihren Körper, ihre Hässlichkeit, ihre Sexualität anhören müssen. Wenn sie mir jetzt erzählen würde, sie werde zur Rechenschaft gezogen für einen Diskurs, dessen Objekt sie ist, und man gehe davon aus, dass sie ein über sie geschriebenes Buch an die Presse geleakt habe, um Aufmerksamkeit zu erhaschen ... dann würde sie doch wohl davon erzählen, dass sie in einer Gesellschaft lebt, die sich so weit von der Realität entfernt hat, dass sie nicht mehr zu klären vermag, wer hier Opfer ist.

Jede Person, die sich heute zur kurdischen Frage äußert, erleidet den gesellschaftlichen Tod. Ihr wird schlagartig vor Augen gestellt, dass Titel, Ansehen, Identität und dergleichen weniger Bestand haben als ein Atemzug. Im Grunde ist dies befreiend. Selbst in Klientelgesellschaften, in denen es nicht darauf ankommt, was gesagt wird, sondern wer es sagt, ob es einer »von uns« ist oder »von den anderen«, wird die gedämpfte Stimme der Wahrheit irgendwann hörbar (Wäre die Stimme der Lüge nicht so kräftig, würden die Menschen einander dann so anschreien?). Daher sage ich den Menschen, die über die Massaker in Cizre[5] Untersuchungsberichte mit Dokumenten und Augenzeugenaussagen vorgelegt haben und denken, sie seien nicht gehört worden, einfach nur: Habt Geduld.

Als Rutherford die Streuung von Alpha-Teilchen an Goldfolie untersuchte und so den Atomkern entdeckte, sagte er, es sei beinahe so unglaublich gewesen, als ob man mit einem 15-Zoll-Geschoss auf ein Stück Seidenpapier schießen und das Geschoss zurückkommen und einen selbst treffen würde. In der Türkei ist Schreiben zu einer schicksalhaften Tätigkeit geworden, die sich oft anfühlt, als ob ein Geschoss von einem hauchdünnen Papier zurückgeworfen wird und einen selbst trifft. Wir müssen also schauen, was es mit diesem massiven Kern auf sich hat, auf den wir gestoßen sind. Menschen sind stark genug, um die Wahrheit zu ertragen. Es ist das Herz, das es vermag, die Wahrheit zu ertragen und das Opfer, dieses ewige Opfer, anzuerkennen.

Aus dem Türkischen von Oliver Kontny

1. Während ihrer Zeit als »Writer in Exile« in Graz 2012/2013 wurde bei Aslı Erdoğan Gebärmutterkrebs vermutet. Ein österreichischer Arzt führte ohne Vorwarnung und ohne Betäubung eine extrem schmerzhafte Biopsie durch. Die Autorin zog auf der Suche nach angemessener Behandlung nach Wien um. Der im Text erwähnte österreichische Anwalt beriet sie über mögliche Schritte gegen den Arzt.

2. Aslı Erdoğan, *Die Stadt mit der roten Pelerine*.

3. Nachdem ein ehemaliger Partner 2003 einen reißerischen Enthüllungsroman über Aslı Erdoğan veröffentlichte, stürzte sich die türkische Presse auf die vermeintlich pikanten Details.

4. 2013 erlitt Aslı Erdoğan schwere Verbrennungen, als ihr bei einem Unfall im Urlaub kochendes Wasser über den Körper floss. Dieser Vorfall wurde ebenso wie der Vorfall in Graz in den Medien interessiert bis hämisch aufgenommen.

5. Die im Essay »Nicht einmal das Schweigen gehört uns noch« beschriebenen Kriegsverbrechen gegen kurdische Zivilpersonen wurden in Cizre im Südosten der Türkei im Herbst und Winter 2015-2016 in besonderem Ausmaß verübt. Hier fand man Kellerräume, in denen zahllose Verwundete eingesperrt und von den Sicherheitskräften bei lebendigem Leib verbrannt wurden.

Faschismustagebuch: Heute

Ein Tag ohne Anfang und Ende, ein weiterer Tag ... wie ein
Komma, das stumm an seiner festgelegten Stelle ausharrt,
an die zwei lange Sätze es wahllos zwischen Vergangenheit und Zukunft gesetzt haben. Zwei endlose, eintönige,
einander wiederholende Sätze, die nicht aussprechen, was
passiert ist, was unwiderruflich verloren ist, was wieder
und immer wieder verloren gehen wird ... die nicht darauf
hinweisen, was nie mehr sein wird ... Vergangenheit und
Zukunft. Zwei kleine Worte nur, die sich in den Netzen ver-
fangen haben, die du auf die Oberfläche dieses unbekann-
ten Etwas geworfen hast, das man Leben nennt, und die
du aus dem unermesslichen Nebel gezogen hast, der die
Küsten und Wasser verbirgt. Hohl klingende Worte, die in
das Gelächter der Ewigkeit ausbrechen, sobald du ihnen
lauschst ... Was du mit bloßen Händen finsteren Abgründen
entwandst, aber deinen eisigen Fingern entglitt, war »vergangen«, noch bevor es gehoben war, der schweigende und
erkaltete Schlamm deiner einzigen Vergangenheit. Aber
dort, gleich einem Heer, dessen Bajonette am gegenüberliegenden Flussufer aufblitzen, bereitet sich schon das »Kom-
mende«, unausweichlich, wie es ist, auf sein Erscheinen
vor ... Und mitten daraus hervorströmend Momente, Tage,

das Heute, als würden sie durch einen nicht zu kittenden Riss quellen ... Das Leben, das einer Wunde gleicht, die erst schmerzt, wenn das Blut gestillt ist, oder auch vielleicht einfach das Fehlen des Lebens, das nur durch Schmerz seine Existenz kundtut ...

Die Tage des Massakers ... Brutalität, Tränen und Blut. Diese Worte bezeichnen nun nicht mehr die Motive längst überholt geglaubter Marschmusik, der »großen Erzählungen« und Heldenepen, die keiner mehr freiwillig liest oder der unzählig oft gelesenen, gehörten, immer und immer wieder gesehenen Nachrichten, sondern Licht, Schatten und Farben unseres Alltags, die den Horizont der Wahrheit verengen und verdunkeln ... Als hätten wir noch viele Worte zu machen und würde uns zugleich die Stimme versagen. Wie, wenn nicht einmal mehr dieses Schweigen, das an die Stelle echter Wehklagen getreten ist, das unsere wäre, gleichsam, als gehörte uns unsere Stimme, die so hohl klingt, wenn wir etwas erzählen, erläutern, benennen wollen, gar nicht mehr. Unser Händedruck wird immer lascher, schnell bilden wir die gewohnten Sätze und werfen sie uns immer schneller zu. Bei jeder Gelegenheit wiederholen wir aus voller Brust »in welch schlechten Zeiten wir doch leben«, wir wiederholen es und lenken uns ab. Unsere Rufe »wir leben, hier sind wir« hallen noch lange nach, sie hallen nach, finden aber kein Gehör. Wie frisch bemalte Gliederpuppen wenden wir einander unsere starren Gesichter zu, doch es ist, als könne uns niemand in die Augen sehen. Mit der Lethargie derer, die etwas schon tausendmal gesehen haben, gleiten die gleichgültigen Blicke immerzu irgendwo anders hin, ins Leere. Die Spiegel sind unbelebter, einsamer denn je. Hohle und tote Augen, hohle und kalte Worte, erkaltete und tote Herzen. Es ist, als hätten wir eine stümperhafte Kopie von uns in die Vergangenheit, in unsere eigene Vergangenheit geschickt, aber als hätten sich die Gesichtszüge für die Zukunft einfach nicht formen lassen. Es scheint als wäre das Fehlen der einen Erscheinungsform mit dem Fehlen der anderen Erscheinungsform vertauscht worden ... Wir gehen ebenso bedächtig durch diese Tage, als schlichen wir auf Zehenspitzen durch einen Krankenhausflur.

In der grauen Morgendämmerung des Fegefeuers und der Nebelschleier gehen und gehen wir unbeirrbar auf einem schmalen Pfad, der sich dahinstreckt wie eine Zunge, gehen auf einem Pfad, an den kein Wehklagen und kein Mahnen mehr dringt.

Die unerträgliche Last, in Zeiten zu leben und zu schreiben, in denen in Kellern eingeschlossene Menschen – darunter Verletzte und Kinder – bei lebendigem Leib verbrannt werden ... Die entsetzliche Last der Sprachlosigkeit der Worte, Worte, die an die Stelle des Lebens treten ... Dieser Abgrund ist hier wie dort, in der Vergangenheit, der Zukunft, im Heute ... Wie sehr wir auch die Augen davor verschließen, wir werden den Anblick dessen, was sich in diesem beispiellosen Abgrund abspielt, nicht mehr los ... Es sieht uns an mit der Stille von Erzählungen, von Sätzen, die ihr Subjekt verloren haben, mit der ewigen Stille aller Geschichten, aller Leben, die plötzlich abreißen, es lauert und dringt in der nebelhaften Unendlichkeit ganz in uns ein.

Vielleicht werden wir irgendwann einmal, wenn wir uns

an diese Tage erinnern, sagen »im Grunde war nicht alles an diesem Faschismus schlecht«, während wir die tiefen Wunden einer Gliederpuppe mit neuer Farbe übertünchen.

Aus dem Türkischen von Angelika Gillitz-Acar und
Angelika Hoch-Hettmann

Nicht einmal das Schweigen gehört uns noch

Als der Würfel auf der Steinfliese aufschlug / als der Speer auf den Brustpanzer aufschlug / als das Auge den Fremden erkannte / und die Liebe verdorrt war / in löchrigen Seelen: / wenn du dich umsiehst und findest / ringsum die Füße abgemäht / ringsum die Hände tot / ringsum die Augen verdunkelt; / wenn dir versagt wird zu suchen / den Tod den du dir auserwählt hast, / ...
Giorgos Seferis[1]

Ist das unsere Zeit? Abgemähte, verbrannte, in Aschesäcke gestopfte Leiber, überall verstreute Füße, die man niemandem mehr zuordnen kann, Beine, Gliedmaßen, Arme, die einander in einer letzten, absoluten Umarmung umschlingen, tote Hände ohne Besitzer. Zerfetzte Menschenleiber, zerfetzte Menschenseelen. Augen, die toter sind als die der Gestorbenen. Worte, zerschossen und verschlossen von Hass und Machtgeilheit. Ist das überhaupt »unsere Zeit«, diese Tage, die wir gerade erleben müssen? *Und du erkennst einen Schrei / ... / als dein Teil,* heißt es weiter unten im Gedicht, einen Schrei, den du nicht hören konntest und nicht hören können wirst. So endet es: *Selbst das Schweigen ist nicht mehr dein eigenes denn hier sind auch die Mühlsteine verstummt.*

Ungeschminkt, persönlich, klar: *Ich will nicht Mittäterin sein.*[2] Ich will nichts zu tun haben mit dem Sperrfeuer, das auf Frauen, Kinder und Greise eröffnet wird, die mit weißen Fahnen aus den Trümmern ihrer Häuser kommen. Ich will nicht Mittäterin sein an dem Grauen, dass ein einzelner, komplett verbrannter Kieferknochen eines zwölfjährigen Kindes in einem Keller gefunden wurde. Und nichts zu tun haben mit den fünf Kilo Fleisch und Knochen, die jemandem mit den Worten ausgehändigt wurden: »Dies da ist dein Vater.« Und nichts zu tun haben mit der Tüte voller Asche, die jemand anderem ausgehändigt wurde mit den Worten: »Dies da ist dein Kind.« Ich will nichts zu tun haben mit dem schrecklichen Verbrechen an einer Mutter, die wochenlang vor einem Krankenhaus wartet, um nur einen Knochen ihres Kindes zu ergattern. Ich will nicht Mittäterin sein an der Ermordung von Menschen, und auch nicht an der Ermordung von Worten, an der Ermordung der Wahrheit.

***

Aufgrund von höherer Gewalt war es mir nicht möglich, meinen Artikel zum Redaktionsschluss abzuschicken. Dennoch bestand ich darauf, dass er diese Woche verspätet abgedruckt wird, auch wenn er kurz ist und jemand anderem seinen Platz in der Zeitung wegnimmt. Der 22. April 2016 ist für die »freie« Meinungsäußerung (ein Attribut, das schnell zu einem ironischen wird) ein gelinde gesagt kritischer Tag. Am gleichen Tag findet im Gerichtsgebäude von Çağlayan die Anhörung Can Dündars sowie die Verhandlung gegen

die vier inhaftierten Wissenschaftler statt.[3] Gerichtsgebäude sind unwirtliche, düstere Orte. Sie konfrontieren
uns damit, dass wir in einem riesigen Gefängnis leben und
nie herauskommen werden – und damit, dass die Waage
der Justiz *sich senkte nach der Seite des Unrechts* (Seferis).
Für die Menschen, die durch die Hintertür als Gefangene
in den Gerichtssaal geführt werden, wird die Finsternis der
Welt nirgendwo sonst so deutlich wie an diesem Ort. Wenn
Repression und Finsternis zunehmen, haben wir keine
andere Wahl als Solidarität zu üben. Ich schließe mit den
Worten, die Meral Camcı am 1. April aus dem Gefängnis
sandte: »Wir müssen – wir von drinnen, Ihr von draußen – es
ihnen weiterhin schwer machen! Es scheint, dass es ziemlich lange dauern wird. Millimeter um Millimeter machen
wir Fortschritte. Frieden, Gleichheit und Freiheit werden für
uns, für alle, die auf der Seite der Arbeit und der Demokratie stehen, für die [verschiedenen] Völker [der Türkei] nicht
länger nur Forderungen, sondern unsere Lebenswirklichkeit
sein. Weder wir drinnen, noch Ihr draußen seid allein.

In Solidarität und Liebe ...«

***

Mein verspäteter, am 22. April unter der gleichen Überschrift
veröffentlichter Artikel begann mit Zeilen von Seferis.

Als der Würfel auf der Steinfliese aufschlug / als der Speer auf
den Brustpanzer aufschlug / als das Auge den Fremden erkannte /
und die Liebe verdorrt war / in löchrigen Seelen: / wenn du dich
umsiehst und findest / ringsum die Füße abgemäht / ringsum

63

die Hände tot / ringsum die Augen verdunkelt; / wenn dir versagt
wird zu suchen / den Tod den du dir auserwählt hast, / ...

Und wir? Wenn wir als hilflose Zeitzeugen dieser fürchterlichen Tage, dieser beispiellosen Barbarei, versuchen, in die Finsternis zu blicken, die uns einschließt, und an die sich unser Auge nicht gewöhnen will ... Gräber, Tote neben Toten, junge Tote unter lediglich mit Nummern versehenen Holztäfelchen aufgereiht ... In schlampig etikettierte Aschesäcke gestopfte Menschenrümpfe ... Abgerissene Beine, »abgemähte Füße«, verbrannte, geschmolzene Knochen ... Die Arme junger Frauen, die einander in einer letzten, absoluten Umarmung umschlingen, untrennbar verschmolzen ... Hände ohne Besitzer, die sich nach den letzten Augenblicken des Lebens ausstrecken, bevor sie erstarren ... Zerfetzte Leiber, beerdigt in den Fundamenten anderer Zeiten ... Zerfetzte Seelen, durchschossene Wörter, Augen, die toter sind als die der Gestorbenen. Von einem Kind, von einer Kindheit, die zwölf Jahre dauerte, ist nur ein Einziges geblieben: ein pechschwarzer Kieferknochen, gefunden im Eingangsbereich eines vom Gestank lebendig verbrannter Menschen verseuchten Kellers, verbrannt, bis er zusammenschrumpfte, wer weiß in welcher Art von Flammen ... Dieser harte, widerstandsfähige Knochen aus dem Kopf eines Menschen scheint sich zu erheben gegen die eigene Vergänglichkeit, er ist ein Symbol der pechschwarzen Stille, die uns einschließt ... Wenn wir schweigen, dann spricht er weiter in unser aller Namen, im Namen all dessen, was wir verloren haben ... *Und du erkennst einen Schrei / ... / als dein*

64

Teil, heißt es im Weiteren des Gedichts, einen Schrei, den du nicht ausstoßen konntest, nicht hören konntest, der niemandes Teil ist …

Ein paar Zeilen aus der zweiten Gymnopädie Seferis': *Die Steine da ich hielt sie solang ichs ertrug / Die Steine da ich liebte sie solang ichs ertrug / die Steine da, mein Schicksal.* Und das Ende des Gedichts: *Selbst das Schweigen ist nicht mehr dein eigenes / denn hier sind auch die Mühlsteine verstummt.*

Wenn nicht nur unsere Toten beschlagnahmt werden, sondern sogar unser eigener Tod selbst beschlagnahmt wird. Wenn das, was in den Kellern eingesperrt und zum Schweigen gebracht wurde weit mehr ist als unsere persönlichen, begrenzten, einmaligen Lebensläufe. Wenn das, was wir das »Leben« nennen, dem wir einen Sinn geben oder das uns einen Sinn gibt, in diesen Kellern eingesperrt und mit Benzin übergossen und verbrannt wurde. Wenn die Dächer der Tagträume mit schweren Geschützen abgedeckt werden, wenn die mit dem Blut Tausender Jahre geformten Worte im Sperrfeuer durchschossen werden. Wenn wir keinen einzigen Schrei mehr hören, geschweige denn ausstoßen können. Dann ist selbst dieses Schweigen nicht mehr unser Eigenes.

* * *

Am Freitag in Çağlayan[4] waren wir sehr viele! So viele, dass wir sagen konnten: Wir sind also nicht so allein, wie wir dachten! Wir haben getanzt und Trommeln geschlagen und gesungen, sogar *Bella Ciao,* das zwar den jüngeren Menschen nichts mehr bedeutet, uns Ältere aber erst völlig aus dem Häuschen und dann zueinander bringt ... Wir müssen weitermachen mit den Mahnwachen für die Freiheit: Im letzten Jahr wurden zwölf Journalistinnen inhaftiert, acht von ihnen allein von der DIHA[5], vier Journalistinnen ermordet und Hunderte von Ermittlungs- und Gerichtsverfahren eröffnet. Wir sind im Ranking der Pressefreiheit laut Reporter ohne Grenzen auf den 151. Platz von 180 Ländern abgestiegen, das heißt, es geht bei uns schlimmer zu als in den meisten Ländern Asiens und Afrikas.

Freiheit und Frieden zu verteidigen, ist weder ein Verbrechen noch eine Heldentat, sondern unsere Pflicht. Es geht weniger darum, sie zu verteidigen, als vielmehr diesen Begriffen ihre verlorene Bedeutung wiederzugeben. Ihre Heiligkeit. So weit wir das können. An einem Verbrechen nicht Mittäterin zu sein, ist, mehr als ein Recht oder eine Pflicht, unser eigentlicher Daseinsgrund. Und das wäre dann unser Stein: *Die Steine da ich hielt sie solang ichs ertrug / Die Steine da ich liebte sie solang ichs ertrug*, das wäre unser Schicksal.

Aus dem Türkischen von Oliver Kontny

---

1. Giorgos Seferis: *Poesie*. Suhrkamp 1962. Aus dem Griechischen von Christian Enzensberger.
2. Hauptaussage der Petition, die 1128 Wissenschaftlerinnen und Wissenschaftler aus Universitäten in der ganzen Türkei im Januar 2016 gegen den Vernichtungskrieg der Sicherheitskräfte in den kurdischen Städten

veröffentlichten. Viele von ihnen verloren seither ihre Stellen und mussten ins Ausland fliehen.

3. Esra Mungan, Meral Camcı, Kıvanç Ersoy und Muzaffer Kaya wurden
aufgrund der o. g. Petition der »Propaganda für eine terroristische Ver-
einigung« angeklagt.

4. Bei der Verhandlung gegen die o. g. Wissenschaftler sowie gegen den
Journalisten Can Dündar am 22. April 2016.

5. Tigris (DIHA) ist eine kurdische Nachrichtenagentur.

Ein Wort, das niemals schweigt

Südlich des Flusses, in den vernachlässigten Außenbezirken der Stadt, von denen man nicht so recht weiß, ob sie nun wachsen oder eher verfallen sollen, suche ich geduldig nach einer Adresse, und schließlich stehe ich in einer der düsteren, matschigen Straßen vor dem gesuchten Gebäude. Mag es noch so oft renoviert oder gar fachgemäß restauriert worden sein, ist es doch ziemlich hässlich, als sei es mit jeder Renovierung nur noch unscheinbarer geworden. Sechzig Jahre nach der Nacht, als die Maschinen heimlich aus der Fabrik geschafft und die Arbeiter, die eigentlich am folgenden Morgen in den Tod geschickt werden sollten, an einen sicheren Ort verbracht wurden, wird diese Fabrik in einer strahlenden Oscar-Nacht weltberühmt. Die Emailwarenfabrik des ehrgeizigen, geschickten und eben auch verantwortungsbewussten Geschäftsmannes Oskar Schindler ist heute ein Museum, in dem die deutsche Besatzung Krakaus dokumentiert wird.

Die Vierzigerjahre. Nazi-Truppen, Panzer, Militärparaden, Märsche. Fotos, Uniformen, Archivbilder, Bombengeheul. Auf einmal schlägt eine eiserne Tür zu, ein Schlüssel dreht sich im Schloss, und ein unterdrückter Folterschrei ertönt. Ein Kerker. Ein dunkles Zimmer im Ghetto, in dem sich siebzehn

Menschen aufhalten. (Aus dem Krakauer Ghetto mit seinen grabsteinartigen Mauern konnten sich nur wenige Kinder retten, darunter Roman Polanski.) Das Konzentrationslager Płazsów mit seinem Kieselboden.

In den lichtlosen Gängen, zwischen immer dickeren Mauern fährt die Besucherin zusammen, als sie plötzlich einen Befehl hört: »Raus!« Eine kalte, offizielle Stimme gibt fast genüsslich langsam und deutlich, als hätte sie es mit Kindern zu tun, eine mit Rechtsbegriffen gespickte spöttische Verlautbarung ab, laut der man erst draußen genau erfahren werde, welchen Status man fortan innehabe. Dann erschüttern Schreie, Befehle, Stiefelgetrappel und Hundegebell den Raum.

Was hier in Szene gesetzt wird, ist die Verhaftung der »Krakauer Professoren«, die sich dem Nazi-Terror widersetzt hatten, und innerhalb weniger Minuten wird einem klar, was Kerker, Ghetto und Faschismus bedeuten. Bleich ziehen die Besucher aufs Geratewohl eine Karte und verfolgen dann, solange sie es aushalten, wie es einem bestimmten dieser couragierten Wissenschaftler im Konzentrationslager ergangen ist. Das ständige Abzählen, Hungern, Auspeitschen, die Kälte, Krankheiten und bei manchen am Ende der Tod. Unterdrückung und Widerstand.

Dem ist nichts hinzuzufügen. Im März 2016 sind in der Türkei auf Anordnung von höchster Stelle vier Wissenschaftler ins Gefängnis geworfen worden, weil sie sich für den Frieden einsetzten und sich an den furchtbaren Verbrechen, die da[1] begangen wurden, nicht mitschuldig machen wollten. Sucht man in der langen Geschichte der Unterdrückung nach einem Präzedenzfall, so wird man im von den Nazis besetzten Polen fündig.

Die vier Wissenschaftler Esra, Muzaffer, Kıvanç und Meral möchte ich mit folgendem Satz grüßen: Freiheit ist ein Wort, das niemals schweigt.

Aus dem Türkischen von Gerhard Meier

---

1. Im Südosten der Türkei.

Nächtlicher Wald

Es wird früh dunkel und der Regen geht in einen Schneesturm über. Ein harter Steppenwind weht von Osten her und bringt Schnee, der lang schon die Berge bedeckt, in die Stadt. Langer, stahlharter, erbarmungsloser osteuropäischer Winter. Plötzliche Temperaturstürze, Stürme, unerträgliche Kälte, Finsternis. Zu einem monadischen Kristall gefroren schließt die Nacht Stunden und Jahre in sich ein. Die Welt besteht aus neblig fernen, halb fiktiven Erscheinungen. Sie liegt in einem Winterschlaf, der mich an mein Koma erinnert. Statisch, gefroren. Das Leben hat sich so weit zurückgezogen, wie es irgend geht, es ist in Innenräume, in seine eigenen Tiefen, versunken. Kein einziger Stern ist auszumachen zwischen den schweren, angstmachenden Wolken, wie eine noch rosige Narbe sticht der Mond hervor, eine Handvoll Blut sickert durch die Bandagen und gerinnt.

Ein Auge mit geplatzten Äderchen und auslaufender Pupille entrinnt mühevoll der Finsternis, aber sein nach innen gewandter, schmerzbeladener Blick weigert sich zu sehen. Es sagt nichts, es antwortet nichts.

In der einsamen, furchtbar kalten Nacht laufe ich durch eisige Stille. Mit mir allein in einem Gespensterwald. Wie der letzte Mensch, der auf der riesigen Erde überlebt hat,

wie eine winzige Narbe, die zwischen Bandagen hervor-
lugt. Die Bäume sind nackt und trocken, mit ihren Blättern
warfen sie ihr Gedächtnis ab, hilflos ließen sie davon ab, sie
selbst zu sein, zu erinnern, sich nach dem Licht zu recken.
Mit ihren viel zu langen, zangenhaften Fingern weisen sie
auf eine nackte Zeit, die keine Tage und keine Jahreszeiten
hat, auf eine Zeit, die nur Warten bedeutet. Nur Warten, nur
Verlust. Ich laufe und laufe einer Stimme hinterher, einem
Wort, das die Nacht vielleicht preisgeben wird. In den Tiefen
des nächtlichen Waldes. Kein einziger Stern zeigt sich, die
Worte scheinen in der Stille zu zerstieben wie die Eispartikel,
die ich mit meinem Atem ausstoße, reglos und leblos liegen
Erinnerungen, Erfahrungen, Emotionen unter einer anwachsenden Schneeschicht. Ich spüre nur, dass ich friere, dass
meine Finger so steif geworden sind, dass sie nichts mehr
zu halten vermögen. Je weiter ich laufe, desto tiefer wird
die Nacht, meine Toten ziehen sich in ihre Gräber zurück
und frieren.

Eine Montagnacht, ich laufe an den Rändern einer ost-
europäischen Stadt. (Mein warmes, helles Zimmer erwartet
mich, leeres, weißes Papier, Notizen, Artikel, Texte ... Über
die Attentate von Paris, über die Flüchtlingskrise, über den
Hass ... Über eine Politik, die Finsternis und Einsamkeit ent-
gegenwirken kann ...) Unverhofft stürzt ein Vogel, als hätte er
im Schlaf sein Gleichgewicht verloren, aus dem Geäst und
verendet ohne einen Laut.

Ich laufe weiter, vielleicht kann ich es schaffen, auf der
Suche nach einem Wort ans Ende meines Lebens zu gelangen, oder vielleicht wache ich unverhofft aus meinem

letzten Tagtraum auf, an den ich mich nicht mehr erinnern können werde, und stürze und bleibe liegen ohne einen Laut.

Aus dem Türkischen von Oliver Kontny

In einem brennenden Gebäude

Gefangen in einem brennenden Gebäude ... Gebäude werden nicht, wie angenommen, beziehungsweise wie ich annahm, von einem Moment auf den anderen von riesigen Flammen verschlungen, sondern sie brennen meist nur stellenweise, ganz langsam, stockend, als würden sie mit dem Tod abrechnen, oder mit dem Leben, ausgiebig, erbittert ... Zweifel, Gewissensbisse, Fragen ... Der Wunsch, um jeden Preis weiter zu existieren, ist untrennbar mit der Sehnsucht verbunden, nicht mehr zu existieren, Auflehnung mit Gottvertrauen, Schuldzuweisung mit der Bitte um Vergebung. Die Abrechnung zwischen Stein und Stein ist älter als die zwischen Mensch und Mensch, sie ist hart und wahrhaftig, kompromisslos. Die Rechnung zwischen Stein und Stein sowie Wasser, Feuer, Wind, und natürlich dem Menschen ist ewig, niemals beglichen.

Gefangen in einem brennenden Gebäude ... »Man« - statt »ich« oder »du« zu sagen, kann ich mich auf ein unbestimmtes Pronomen zurückziehen -, man merkt möglicherweise eine ziemlich lange Zeit überhaupt nicht, dass das Gebäude, in dem man sich befindet, brennt. Stimmen, Schreie, Sirenen beispielsweise überhört man, und weil man noch kein Stück Metall, noch kein rot glühendes Treppengeländer angefasst hat, fühlt man nicht, dass es immer heißer wird, denkt nicht im Traum daran, dass fast unmerklich, überraschend durch fest verschlossene Türen schwelender Rauch das gesamte Gebäude durchdringt. Vielleicht war schon alles geflüchtet, ist man allein, ist hier vergessen worden, aber viel wahrscheinlicher ist es doch, dass schon längst die Feuerwehr verständigt ist, alles in Ordnung kommt und das kleine Abenteuer gleich wieder beendet ist, noch bevor es richtig begann. Soll man seine Sachen in die Tasche packen, retten, was am wichtigsten ist, gibt es überhaupt eine Bedrohung, eine existenzielle Bedrohung ... Wo brennt es eigentlich, in den oberen Stockwerken oder unten, im Erdgeschoss vielleicht, oder im eigenen Stockwerk ... das weiß man natürlich nicht, kann es nicht herausfinden.

Und natürlich kann man es nicht glauben. Wer würde schon glauben, dass eine Katastrophe, eine unbedeutende Katastrophe, die es nur unter »Vermischtes« schaffen würde, daherkommt und sich gegen die eigene Tür stemmt, dass ein dummer Fehler, eine auf dem Herd vergessene Bratpfanne oder eine defekte Sicherung zum Todesurteil wird, dass dies das Ende seines kleinen bisschen Lebens ist ... Wer würde schon ernsthaft glauben, dass das Flugzeug, das man besteigt, abstürzt, dass sein Land durch einen Krieg in Schutt und Asche gelegt wird. (Mancher nicht, weil er sein Schicksal nicht ernst nimmt, mancher aber auch deshalb nicht, weil er überhaupt nicht begreifen kann, dass das Schicksal ihn ernst nimmt.) Und das erst recht in so einer Zeit, im Technologiezeitalter, Atome werden gespalten, Krebs wird besiegt, das Smartphone wurde erfunden, da hat doch sicher einer die

Feuerwehr gerufen, mittlerweile müssen Gebäude eine Feuerleiter besitzen, dieses bestimmt auch, wenn man ein bisschen sucht, findet man bestimmt sogar einen Feuerlöscher, aber wer kann mit diesen klobigen Dingern schon umgehen, höchstwahrscheinlich Fehlalarm, unnötige Panik, Übertreibung, Wahn ...

Und du machst die Tür auf, gehst hinaus. Rauch. Im oberen Stockwerk, im unteren Stockwerk, im eigenen Stockwerk, auf den Fluren, auf den Treppen, hinter jeder geschlossenen Tür, hinter jedem geöffneten Fenster, Rauch ... In deinen Augen, deiner Lunge ... Ganz allein gehst du durch halbdunkle, gähnend leere Flure ... Flure, die länger sind als ein Menschenleben ... Erst im Laufschritt, dann immer langsamer, dabei hältst du dich fest, bleibst zwischendurch immer wieder stehen ... Es ist, als hättest du eine sehr bittere, schmerzhafte Rechnung zu begleichen ... Rauch. Überall, in allem, alles durchdringend ... Als wäre die Welt schwarz-weiß, und Entfernungen und Minuten lösen sich auf, dehnen sich aus, verschwimmen miteinander, Raum und Zeit gehen ineinander über. Du sagst dir: das alles kann doch nicht wahr sein, und: die Treppe muss doch gleich da vorne sein, ich habe doch noch keine einzige Flamme gesehen! Ich sehe kein Feuer, höre es nicht, spüre es nicht, ist es oben, unten, um mich herum, ich habe keine Ahnung, ob es hinter einer der nächsten Türen ist, die ich öffne, oder über der Zimmerdecke, die gleich einstürzen wird ... du wirst dich am rot glühenden Geländer festhalten und versuchen dich aufzurichten, und noch bevor dir etwas wehtut, sagst du zu dir, dass du jetzt aufstehen musst, der Rauch zieht dir langsam den Rücken

hoch, deine Beine sind nun so kraftlos, wie die eines Kriech-
tieres, das sich aufrichten will, du befiehlst dir: steh auf, denk
doch mal schwarz-weiß, und wenn dich der Schlaf überfällt,
befiehlst du dir: mach die Augen auf! Dieser warme, zärt-
liche, tückische Rauch, der dich fest umschlingt, ist von nun
an deine einzige Wahrheit.

Gefangen in einem brennenden Gebäude ... Und selbstverständlich ist das auch nur eine Metapher, eine Metapher für die Türkei ... Sind diese Flammen Wirklichkeit, diese Toten, dieses Blut ... Rauch, nur Rauch, draußen, drinnen,
alles durchdringend.

Aus dem Türkischen von Angelika Gillitz-Acar und
Angelika Hoch-Hettmann

Krieg und Krieg

Dies ist die Geschichte einer Reise, die hundert Kilometer von Auschwitz entfernt beginnt und hundert Kilometer vor Cizre abgebrochen wird.

Der Versuch, eine Reise zu erzählen, von der man nicht so recht weiß, wo und wann sie beginnt, und die dann, als sie irgendwie endet, doch nicht vollendet ist. Dieser Versuch, der nächtelang dauert, endlos lang, und mir wieder einmal, nicht enden wollend, meine ganze Kraft abverlangt. Schon beim ersten Wort - Krieg, Auschwitz oder Cizre -, das am Unerzählbaren zerschellt, zeichnet sich natürlich das Scheitern ab. Der Verzicht auf jegliche Art von Narrativ, durch das unsere Existenz sinnvoll, heilig oder auch nur erträglich würde. Ein hilfloser Rückzug angesichts der Unermesslichkeit all dessen, das stets ungehört verhallt.

Auschwitz, Istanbul, Urfa - die Friedenskonferenz in Birecik, Diyarbakır, Suriçi, Silvan, die Straße nach Cizre[1], die bei Midyat von Sondereinsatzkräften mit Panzern, Wasserwerfern und Gefechtsfahrzeugen gesperrt wird. Auf Ziele gerichtete Geschützläufe mit echten Projektilen, eine Art Barrikade zwischen Wirklichkeit und Unwirklichkeit. Nackte Hügel, Felder, eine staubige Straße, die sich unter der unbarmherzigen Sonne dahinwindet, als gäbe es kein Zurück.

Mesopotamische Erde, die seit zwölftausend Jahren der tragischen Geschichte des Menschen lauscht und sie zu Gehör bringt. Erde, die Anfang und Ende in sich aufnimmt, Wurzeln und Tote, die alles vermengt, Blut und Schreie, Knochen und Steine, ohne Unterschied, und die alles in Seele verwandelt und sich einverleibt, mit allen Geheimnissen, und die jeden Samen tief in sich aufbewahrt.

Innere Haltestellen einer Reisenden, die, je länger sie an Tälern und Steilhängen entlang unterwegs ist, im Schein der Flammen nicht nur vom Weg, sondern im Grunde genommen von der ganzen Reise abkommt, und die, je weiter sie in Gefilde vordringt, aus denen es kein Zurück mehr gibt, allmählich merkt, dass sie mit der Zeit sogar der inneren Stimme verlustig geht, die sie immer als ihr eigentliches »Ich« empfunden hatte. Als da wären Krakau, wo Edip aus Varto ihr in hundert Kilometern Entfernung von Auschwitz ein Foto zeigt. Darauf liegt eine junge nackte Frau bäuchlings auf einer Straße, nachdem sie verwundet gefasst und fünf Tage und fünf Nächte entsetzlich gefoltert worden war. Ihre Beine sehen schrecklich aus. Vor einem zerschossenen Haus in Silvan schreit ein Mann, ohne auch nur seine Einkaufstaschen abzusetzen, plötzlich los: »Wann ist endlich Schluss mit diesem Elend?!« (Ein paar Minuten später läutet ein Telefon, die Polizei will wissen, wer wir sind.) In Diyarbakır zeugt in der ersten, unruhigen Nacht der Lärm der Düsenjäger, Hubschrauber und Bomben davon, dass im Stadtteil Suriçi wieder ein Militäreinsatz läuft. In Silvan von schweren Waffen zerschossene, in Trümmerhaufen verwandelte Häuser, Läden, Straßen. Im Hof des Gesundheitszentrums reichen die Einschüsse bis in den dritten Stock hinauf. (Ein Angestellter soll sogar beim Hissen einer weißen Fahne beschossen worden sein.) Scharfschützen, Menschen, die vor ihrem Haus, auf dem Balkon, auf dem Dach von Kugeln getroffen wurden, Verwundete, die nicht ins Krankenhaus dürfen ... Im Zentrum von Diyarbakır prügeln Polizisten auf verhaftete Friedensdemonstranten ein. Die zweite Nacht beginnt mit Pfeffergas. Die Türkei führt eine Spielart der »Kristallnacht« auf, in Dutzenden von Städten sind Lynchmeuten unterwegs. Immer neue Gebäude der Kurdenpartei HDP werden belagert und »kurdische Läden«, seien es nun Buchhandlungen oder Dönerbuden, kurzerhand verwüstet. Ein Jugendlicher, der auf der Straße Kurdisch spricht, wird mit einer Rasierklinge verstümmelt, ein fünfjähriges Mädchen soll verbrannt werden, vom Stadtteil Sur her ertönt Geschützfeuer, Hubschrauber kreisen, aus Silvan, wo man gerade erst zur Ruhe gekommen war, wird per Internet vermeldet, die Stadt stehe wieder in Flammen, in belagerten Städten strecken Scharfschützen immer wieder Menschen nieder, auf halb verfallene Häuser rollen Panzerfahrzeuge zu, die Läufe von Mörsergeschützen suchen sich neue Ziele, die Polizei meldet neue Verhaftungen, ein Vierzehnjähriger namens Bünyamin wird festgenommen, in Cizre packt eine Mutter ihr totes Baby in Eis, Kinder müssen zusehen, wie ihre Mutter unbehandelt verblutet, in manchen Städten werden nach Diyarbakır abfahrende Busse von einer wütenden Menge mit Steinen beworfen, bis der Busverkehr dorthin ganz eingestellt wird.

In Auschwitz liegen Berge von Frauenhaar, die Leiche von

Bünyamin wird mit abgeschnittenem Ohr in einer Mülltonne gefunden, und die Kreise der Hölle werden immer enger, immer tiefer, unersättlich.

***

Die Geschichte einer Reise, die in hundert Kilometern Entfernung von Ausschwitz beginnt und hundert Kilometer vor Cizre an einer Straßensperre von Polizei und Militär unterbrochen wird.

(Diese Artikelfragmente haben noch kein Ziel, keinen Kurs, keine Einheit, und ich weiß noch nicht, wie lange ich sie werde fortführen können, doch nenne ich sie nun »Krieg und Krieg«, nach dem Titel eines Romans von László Krasznahorkai.)

Der Versuch, eine Reise zu erzählen, von der man nicht so recht weiß, wo und wann sie beginnt, und die dann, als sie irgendwie zu Ende geht, doch nicht vollendet ist. Schon beim ersten Wort, das am Unerzählbaren zerschellt, zeichnet sich natürlich ein Scheitern ab: am Wort Krieg. Da muss schon beim bloßen Versuch, den Worten Leben einzuflößen und dem Leben Worte, ein herber Rückschlag vermeldet werden. (Denn ist Schreiben letztlich nicht von Anfang an ein Befreiungsversuch, die hartnäckige Suche nach einer Freiheit, die sich früher oder später erschöpft? Krieg dagegen ist ein unwiderrufliches Urteil.) Der Mensch aber kann nicht anders, er muss erzählen, weitergeben, widerhallen, wiederholen ... In der endlosen Stille der Wörter zieht er seine Kreise. Das erzählende Wesen: der Mensch. Das sich gewöhnende Wesen. Sätze, Punkte, Nächte, Jahre, und nach Jahrzehnten jenes zweite Wort, zu dem man gelangt, wenn man viele Geschichten und Legenden hinter sich und so manches erlebt und erlitten hat: es ist das Wort Krieg. Die Wiederholung des ersten Wortes.

Auschwitz, Istanbul, Urfa – das Friedenspanel in Birecik, Diyarbakır, Suriçi, Silvan, die Straße nach Cizre, die bei Midyat von Sondereinsatzkräften mit Panzern, Wasserwerfern und Gefechtsfahrzeugen gesperrt wird.

Eine Barrikade, die nun, gerade mal zwei Wochen später, »Vergangenheit« ist, also eigentlich dem Vergessen anheimgefallen, doch hat sie sich tief in meinen Gehirnzellen eingenistet. Sie macht nicht nur die Vergangenheit, sondern auch die Zukunft zu einem Gefängnis, in dem uns bald die Luft ausgeht und ein Scharfschütze auf alle Wörter zielt. Und sie trennt die, die weiterziehen, von jenen, die zurückgelassen werden, trennt die Toten von den Überlebenden. Trennt den Menschen vom Menschen.

Die gleiche aussichtslose, bodenlose, endlose Nacht. Die Toten sind nun überall, in jedem Wort. Mit eisigen Fingern greifen sie hinter einer Mauer hervor nach uns, berühren uns. Die Nacht bricht herein, das Viertel wird von Panzerfahrzeugen umstellt, es regnet Kugeln und Raketen, Granaten schlagen in Zimmern ein, in denen es nach Armut und Verzweiflung riecht, und alle, ob lebendig oder tot, liegen am Boden. Maschinengewehre und Panzer sind in Stellung gebracht, und auf alles, was sich bewegt, hagelt es Kugeln, auf Kinder, Verwundete, weiße Fahnen, Vögel, ganz ohne Unterschied, und die Erde nimmt jeden Körper auf, der auf sie herniederstürzt, verwandelt ihn in eine Seele und fügt jede abgebrochene Geschichte in ihr eigenes endloses Schweigen. »Nicht mehr schießen!«, wird hinter einer Mauer gerufen, als Antwort heißt es »Aber hier ist alles gesperrt!«. Eine Mutter fleht »Lasst mich doch mein Baby ins Krankenhaus bringen!«, als Antwort ertönt »Hier kommt keiner mehr raus.« Und tatsächlich kommt aus dieser Nacht niemand heraus, keiner von uns, nicht einmal ein Wort könnte die Blockade durchbrechen. Dennoch versucht es ein zehnjähriges Mädchen, mit erhobenen Händen erzählt es vom verwundeten Vater, und trotzdem wird auf sie geschossen. Durch die Straßen ziehen Menschenmengen, deren Schuldgefühle verkümmert sein müssen, sie schlagen Sachen kaputt, schlagen Leute zusammen, hüllen sich in Fahnen und schreien »Wir wollen keinen Militäreinsatz, wir wollen ein Massaker!«, und das kriegen sie auch, aber auch sie kommen aus dieser tiefgefrorenen Nacht nicht heraus; wieder wird ein Krankenwagen aufgehalten, alle Wege zum Leben sind versperrt, heißt es, und es regnet weiter Kugeln. Wir verirren uns alle in dieser Nacht, verlieren jeglichen Weg. Aber in jedem Gedächtnis ist nun eine Tiefkühltruhe, dort bewahren wir die Leichen auf, auch unsere eigene.

Eine Nacht lang und für alle Ewigkeit.

***

Morgens um fünf. Der Güterzug in Richtung Westen keucht mit ein paar Minuten Verspätung an uns vorbei. Als würde dröhnend ein Waggon nach dem anderen wegkippen und die ganze Ladung in diese letzte stille Stunde der Nacht geleert. Der lang gezogene, kummervolle Pfiff der Lokomotive klingt wie der Schrei eines großen Vogels. Zugleich hört er sich an wie ein menschliches Seufzen, wie ein Gruß an die endlosen Straßen vielleicht, oder wie ein Abschiedssatz, der einem im letzten Moment noch einfällt.

»Leute wie wir können durch ein KZ nicht einfach durch wie Touristen«, hatte Edip aus Varto gesagt, »und so tun als wäre das alles schon längst vorbei.« Als ich ihm das Auschwitz-Album zeigte – seltene Aufnahmen eines Konvois, der zur Gaskammer unterwegs ist –, verwies er mich auf das Foto der nackt auf einer Straße in Varto liegenden Frau, das er aus dem Internet hat. Die Frau wurde verwundet gefasst und dann fünf Tage und fünf Nächte lang zu Tode gefoltert.

»Wir Mitarbeiter in der KZ-Gedächtnisstätte erkennen frühere Gefangene immer gleich«, sagt die Führerin unserer kleinen Gruppe und wirft einen flüchtigen Blick auf eine Frau, die mit schnellen Schritten aufrecht dahingeht und dabei ständig still in sich hineinweint.

Der Zug, der um fünf Uhr morgens in Richtung Auschwitz fährt, steckt voller Menschen, die zur Erinnerung verurteilt sind. Die Haare, die man den Frauen abschnitt, bevor man sie in den Verbrennungsofen warf, das abgeschnittene Ohr des kleinen Bünyamin, der in einer Mülltonne gefunden wurde, die unersättlichen Höllenkreise, die noch verwickelter sind als ein Menschenleben.

Schon im ersten Wort, das unter den gewaltigen Schlägen des Schrecklichen zerbricht wie ein Zweiglein, wird das Scheitern anerkannt, das Wort heißt »Krieg«. Angesichts der Unermesslichkeit, die ungehört verhallt, auch wenn das Wort ausgesprochen wurde, bleibt nichts übrig als verzweifelter Rückzug. Doch der Mensch kann nicht leben, ohne zu erzählen, er erzählt, gibt weiter, fängt von vorne an. (Als könnte man das Leben genau so erzählen, wie es ist, in all seiner Gesamtheit, seiner Einzigartigkeit und Unendlichkeit!) In der ständig anwachsenden Wüste der Wörter zeichnet der Mensch Kreise, Zickzacklinien, verwickelt sich in seiner eigenen Geschichte. Und das Wort, an das er nach vielen Sätzen, Punkten, Nächten, Jahren gelangt, ist nichts anderes als die Wiederholung des ersten Wortes.

Wer blindlings an Abgründen entlangtastet und merkt, dass er sich verirrt hat und weit von sich entfernt ist, so weit, dass er nicht mehr zurück kann. Wer sich an einen Ort verirrt, an dem er nicht bleiben kann, von dem er aber auch nicht wegdarf, da alle Wege, alle Reisen ihm verloren gegangen sind, in einen Ort wie: Silvan. Wo der alte Mann vor seinem zerschossenen Haus vor lauter Schmerz und Aufruhr losschreit, noch bevor er seine Einkaufstaschen abstellt. In einer übermenschlichen Anstrengung beherrscht er noch sein bis zum Zerreißen angespanntes Gesicht, er schaut, ohne wirklich zu schauen, er sieht etwas, doch was er sieht, hält er nicht aus. Als hätten seine Augen, um ihre Sehfähigkeit gebracht, dem übergroßen Schmerz eine andere Gabe abgerungen, schweift sein Blick hin und wieder in weite Ferne ab, fokussiert sich auf Welten, die nicht mehr sichtbar sind.

Menschenleere, wie ausgestorbene Viertel, mit schweren Waffen kaputt geschossene Häuser, Dächer, Balkons,
Geschäfte. Im Hof des schwer lädierten Gesundheitszentrums ein paar verbrannte Krankenwagen. Die schmale Beton-
treppe des Parteigebäudes. Darin herrscht, trotz der vielen
Leute, Totenstille, so dass man sich auch am helllichten Tag
vorkommt wie bei einem Beileidsbesuch. Immer wieder
weggleitende Augen, die auch mich ansehen, als wäre ich
unendlich weit entfernt, schwere, hängende Köpfe, todmüde
Gesichter.

Diese Menschen, die schon so oft vom Tod zum Leben und
vom Leben wieder zum Tod gewechselt sind, gehen mit so
vorsichtigen, unsicheren Schritten, als könnte ihnen jederzeit
die ganze Welt unter den Füßen davonrutschen. Von all den
tragischen Tagen und Nächten, von all dem Sterben erzählen sie in ganz kurzen Sätzen, in die sich nur ja kein Gefühl
einschleichen soll.

Ich wiederum lerne die Namen diverser Waffentypen,
mache mir Notizen, in die sich ebenfalls kein Gefühl einschleichen soll, und setze eilig meine Reise fort. Keine vier,
fünf Stunden später, zu Anfang der »Kristallnacht«, erfahre ich
aus dem Internet, dass Silvan in Flammen steht. Nun ist es zu
spät, mit den Menschen, die ich dort zurückgelassen habe, zu
sprechen, mich von ihnen zu verabschieden.

***

»Fahrt sofort zurück! Sofort! Das ist verboten, was ihr hier
macht!« Der Polizist schreit wie von Sinnen, seine Worte

klingen wie Sperrfeuer und hallen lange nach, und vor lauter Drohen und Befehlen versteht man kaum noch, was er sagt. Das wütende, sich am Herrschen ergötzende Tremolo seiner mechanischen Stimme wächst sich zu einem Knattern aus und lässt schier die Autoscheiben erzittern. »Wen brüllt er denn so an?« – »Na uns! Weil wir von der Autobahn auf diesen Weg hier abgefahren sind.« In alle Richtungen erstrecken sich stille Felder, endlos und leer, wie in Erwartung eines noch nicht begonnenen Lebens.

»Wie viele seid ihr?« – »Nur wir zwei, der Fahrer und ich. Jetzt muss ich aber das Fenster zumachen«, erwidere ich, als ich einen Gewehrlauf auf uns gerichtet sehe.

Die Straße nach Cizre, die bei Midyat von Sondereinsatzkräften mit Panzern, Wasserwerfern und Gefechtsfahrzeugen gesperrt wird. Auf Ziele gerichtete Geschützläufe mit echten Projektilen, eine Art Barrikade zwischen dem Gesagten und dem Ungesagten, zwischen Wirklichkeit und Unwirklichkeit. (Als ob es möglich wäre, die Wahrheit aus den Wörtern herauszureißen!) In dieser entlegenen Gegend, eine gegen das Endlose hermetisch geschlossene, gegen Gefühle und Schreie gefeite Tür. In ihrer Übertriebenheit völliger Unsinn, in ihrer Unsinnigkeit unübertrefflich.

Zwischen kahlen Hügeln schlängelt sich eine einsame, unheimliche Straße hindurch, wie ein Fluss, der zu schwach ist, sich ein Bett zu graben. Unbarmherzig brennt die Sonne auf die harte, eindrucksvolle Landschaft herab.

Das Eindrucksvolle aber verbirgt dieser in sich gekehrte, schweigsame Landstrich meisterlich hinter scheinbarer Monotonie. Die Erde wellt sich still dahin und leuchtet in tiefen, müden Gelbtönen auf, als würde ein himmlisches Feuer brennen.

Filigran geflochten, zitternd, schimärenhaft.

Unter einem feinen, bernsteinfarbenen Netz regen sich fliederfarbene Schatten, schillernde Spätsommerfarben, ein aufschäumendes kräftiges Grün. Ein leichter, trockener, warmer Wind schleicht sich heran und leckt einen wie eine raue Katzenzunge. Wie ein beunruhigter Bote, der einen aufrütteln und warnen will. Die Geschichten all jener, die hier vorbeigekommen sind, vermischen sich und hallen wider. Ein lockender und provozierender Horizont, unüberwindliche Entfernungen und Wege, von denen es kein Zurück gibt.

Er hält alles im Verlorenen, im Vorläufigen, in der Schwebe.

Die Himmelstore, so weit aufgerissen, als sollten wir uns von der Grenzenlosigkeit der Existenz überzeugen, wollen uns glauben machen, da gäbe es etwas, das schon immer da war und immer da sein wird, das vom Menschen an die Erde weitergegeben und von der Erde an den Menschen, und das nur noch auf einen Namen wartet, doch mit diesem unmöglichen Namen rückt der Spiegel des niedrigen, unbewegten, leeren Himmels nicht heraus. Die alte mesopotamische Erde, in den Staub und das Schweigen von Tausenden von Jahren gehüllt. Unzählige Male erobert, in Besitz genommen, verloren gegangen. Hier wurden die ersten Tempel errichtet und wieder verlassen, hier wurden prächtige Städte gegründet, die wieder verfielen, hier wurden das Gesetz und die Gebote geschrieben, hier hat Gott gesprochen, haben Himmel und

Erde sich für immer voneinander getrennt, und hier wurde die Hölle geboren.

Seit Stunden harre ich vor der Polizeisperre aus und weiß nicht weiter. Polizisten stehen untergehakt da, es wird immer heftiger gedroht, Soldaten springen aus Gefechtsfahrzeugen und gehen »in Stellung«, martialisch gerüstete Elitesoldaten, den Finger stets am Abzug, weichen unseren Blicken aus.

Und es sind Gewehrläufe auf uns gerichtet ...

(Der Mensch, das Wesen, das sich an alles gewöhnt!) Stunden zuvor hatte eine vorwiegend aus Parlamentariern bestehende Gruppe durch die Sperre schlüpfen dürfen. Bei fast vierzig Grad Hitze hatten die Leute auf staubigen Wegen und über die Felder ihren Weg fortgesetzt.

Und sich um die Gewehrläufe nicht gekümmert.

Nur hundert Kilometer bis Cizre. »Wer gesundheitliche Probleme hat, sollte lieber hierbleiben. Der Weg ist ziemlich mühsam.« Ich gehe zunächst mit bis zum Feldrand, gehe zwanzig Meter weiter, dann wieder zurück, versuche es noch einmal, kehre wieder zurück.

Verfluche meine Halskrause und meinen Gesundheitszustand. Es kommt mich hart an, mir schießen Tränen in die Augen und ich kehre den Polizisten den Rücken zu. »Machen Sie sich nichts draus, Sie kommen eben ein anderes Mal mit«, versucht Özgür mich beim Abschied zu trösten. »Der Marsch der Kurden ist noch lang ...«

Aus dem Türkischen von Gerhard Meier

1. Nachdem in mehreren kurdisch geprägten Städten im Südosten der Türkei 2015 Ausgangssperren verhängt worden waren und Militär und Polizei massiv gegen die Zivilbevölkerung vorgingen, versuchte eine Delegation der Kurdenpartei HDP sich vor Ort ein Bild von der Lage zu verschaffen. Aslı Erdoğan musste aus gesundheitlichen Gründen ihre Teilnahme an der Unternehmung schließlich abbrechen.

Gewöhnlich, furchtbar gewöhnlich

Auch er nur ein Mensch, irgendein Mensch. Ein gewöhnlicher, ganz gewöhnlicher Mensch. Monate oder gar Jahre später – Zeit ist eigentlich keine vergangen, nur die Jahre selbst, in die man aber nicht hineinkam, weil es unerträglicherweise kein Jetzt gab – begegnest du ihm wieder. In einem Lokal vielleicht, an einer Ampel, in einem Einkaufszentrum, er hat vielleicht Freunde dabei, Familie, womöglich ein Kind, das ihm unendlich lieb ist. Die Welt scheint plötzlich völlig leer, doch selbst in dieser endlosen, rauschenden Leere ist nicht gleichzeitig Platz für euch beide. Du versuchst einen Blick von ihm zu erhaschen. Plötzlich wird er ganz ernst, etwas bleich auch, während er zu seinem Kind sagt, es soll nicht trinken, solange es so verschwitzt ist. Erinnert er sich an mich? Hat er die Spur erkannt, die ich von ihm davontrage, seinen Stempel, sein eigenes Bild? Den Menschen, der in mir lebt, gelebt hat, gestorben ist, stirbt? Er lässt nichts erkennen.

»Könnten Sie mich bitte rüberführen? Ich kann nämlich nicht mehr so schnell. Mein Bein ...«, sagt eine alte, uralte Stimme an der Ampel, mitten unter vielen Menschen, und du erstarrst, als wärst du übel beschimpft worden. Wem gehörte diese Stimme, die nachts mit mir sprach? Es ist ein alter Mann, weiter nichts. Eine Stimme, die einst in dunklen Gängen widerhallte. Die Vergangenheit schwillt an wie eine Unterströmung, gegen die mit Muskelkraft nicht anzukommen ist. »Früher wollte ich dich mit eigenen Händen erwürgen, das habe ich mir tage- und nächtelang vorgestellt«, möchtest du sagen, da springt die Ampel auf Grün, und er erzählt dir eilig von seinem Knie, in dem keine Gelenkflüssigkeit mehr ist, und dass er operiert werden muss und ihm jeder Schritt wehtut. »Hast du etwa Angst, du Drecksfolterer, du Peiniger?« Ihr beide treibt zwischen den beiden Ufern gemeinsam dahin, und das dauert tagelang, nächtelang, aber eigentlich ist es nur eine Minute, eine einzige Minute. Um ins Herz des Labyrinths hinabzusteigen und das Ich, das einst dort zurückgelassen wurde, zu einer Rückkehr zu bewegen. »Was du mir angetan hast, hätte ich dir niemals angetan!« Er bedankt sich herzlich, als er deinen Arm loslässt. Der Abschiedssatz, der dir gerade noch eingefallen ist, zerbirst in der Einsamkeit der Menge. Du sagst kein einziges Wort.

Er ist eben auch nur ein Mensch, ein gewöhnlicher, furchtbar gewöhnlicher Mensch. An den beiden Enden des langen Ladentisches einer Apotheke stehst du ihm eines Tages gegenüber. Du starrst ihm direkt in die Augen, denn du möchtest wissen, ob er dich erkennt. Er sagt nichts, erklärt nichts, lässt sich nichts anmerken. »Der Polizist vorhin«, sagt später, als der Mann schon gegangen ist, eine versteinerte, schier unmenschliche Stimme, »was hat der für eine Medizin gekauft?« Als wüsste der Apotheker sogleich Bescheid, sieht er dich aufmerksam an und sagt freimütig: »Er hat Krebs.« Es fühlt sich an, als würdest du wie ein leerer Sack zu Boden sinken, doch du bleibst stehen, hältst dich fest an deinem bitteren, kalten Hass, schwankst nur leicht. In der Hand hältst du eine simple Creme gegen Hautausschlag. Du denkst, das Leben ist ein unfähiger Schriftsteller, der mit Tragödien nicht zurechtkommt und sich deshalb auf billige Dramen verlegt. Für das Mitleid, das in dir hochsteigt, hast du noch kein Objekt gefunden, aber vielleicht suchst du auch nicht danach. »Sie sollten sich nicht zu oft waschen«, ermahnt der Apotheker. »Warmes Wasser ist der Feind jeder Wunde!« Du gibst keine Antwort.

Eine KZ-Überlebende – als sie nach monatelangen, grausamen medizinischen Versuchen halb tot geborgen wurde, war sie zehn – hat sechzig Jahre später vor Gericht einem früheren SS-Offizier die Hand gereicht und gesagt, sie verzeihe ihm. Und die Zehntausenden, die Hundertausenden von Folteropfern des Putsches vom 12. September 1980? Menschen, die neunzig Tage lang mit Stromstößen gequält wurden, die in einen Autoreifen gezwängt und herumgerollt wurden, denen man die Fingernägel ausriss, denen man die Kehle mit brühend heißem Wasser verbrannte ... Wem sollen sie vergeben können und wie, und vor welchem Gericht ... Folterern kann vielleicht manchmal von manchen Leuten vergeben werden, aber der Folter selbst?

Aus dem Türkischen von Gerhard Meier

Winterreise

Nachdem sich die Menge zerstreut hat, gehe ich hinaus auf die Straße, in die »trauernde Dunkelheit« des Abends ... Als sähe ich sie zum ersten Mal, ziehe ich durch die Straßen meines Viertels, in dem der Strom abgestellt wurde. Große Straßen und kleine Straßen, Wege, Gassen ... Abzweigungen, die einen Neuanfang, ein ganz anderes Verirren, eine andere Nacht verheißen ... Einsamkeit – sie verwandelt sämtliche Geräusche, verleibt sie sich ein, im Inneren, im tiefsten Inneren hallen sie länger, tiefer nach. Als würde ich zwischen sämtlichen Geräuschen der Welt eine seit Langem schweigende Stimme heraushören, mich ihrer bemächtigen, mit ihr zusammen Straßen hinter mir lassen, die es nun nicht mehr gibt ... Ich gehe, gehe, auf das Leben zu, ich kehre um.

Eine Nacht zum Schreiben, eine stille Nacht der persönlichen Trauer, die nichts von Worten wissen will ... Zwei Fotos. Das eine stammt vom Frühjahr 2006, aufgenommen in der Redaktion der Wochenzeitschrift *Agos*. Hrant Dink überließ mir den Platz an seinem Tisch, er steht neben mir, ein halb geleertes Glas Tee ... Zwei Fotos, die mich durch den längsten Winter meines Lebens begleiten, auf einer Winterreise, die immer noch nicht beendet ist.

Eine Nacht zum Schreiben ... stapelweise Zeitungen, griffbereite Bücher, unterstrichene Sätze ... Ein Meer von Aschenbechern. Kaffeegeruch, Schmerzmittel ... Antworten, die mir immer und immer wieder durch den Kopf gehen, Erwiderungen, Diskussionen ... Von Grabesstille umgebenes leeres, weißes Papier. Die Mutter eines Häftlings, die ich vor etwa zehn Jahren mithilfe eines Übersetzers interviewen konnte, bat: »Sag mir doch, bevor du gehst, noch irgendwas, das mir Hoffnung gibt!« Dabei sah sie mir unverwandt mit bohrendem Blick in die Augen. In diesem Blick lag alles, Bitterkeit und Verstehen, die Abgeklärtheit jener Menschen, die schon viele Male hereingelegt worden sind, weil sie unbedingt an etwas glauben wollten, dann waren da noch Freundschaft, Güte, alles, außer Hoffnung. Es kommt mir so vor, als sähe mich dieses leere, weiße Papier genauso an, als sähe es in einen Spiegel.

Da fällt mir das alte verblasste Gerichtsgebäude von Beşiktaş wieder ein, verbunden mit so vielen unerbittlichen und stummen Erinnerungen, von denen eine schmerzhafter ist als die andere. Es ist noch ganz früh am Morgen. Lange vor der Gerichtsverhandlung finden wir, drei Frauen, die allein gekommen sind, weder den Weg zum Demonstrationsgelände noch den Eingang zum Gerichtsgebäude. Ratlos stehen wir nebeneinander an einer Kreuzung. (Dies ist der erste Verhandlungstag in einem Prozess, bei dem es nun erst, nach acht Jahren und sechs während dieser Zeit ausgetauschten Staatsanwälten, erstmals zu Haftstrafen gegen Polizisten kommen wird.[1]) Ein imposanter Herr im Anzug, der eine penetrante After-Shave-Wolke verströmt, geht an uns vorüber. Er wird auf die drei Frauen aufmerksam, vielleicht auch auf ihre traurige Schweigsamkeit. Sein Blick bleibt an den Fotos an unseren Revers hängen ... »Wer ist das?«, fragt er mit durchdringender Stimme. »Etwa dieser ermordete Armenier?« Freimütig, wie immer, ohne auch nur im Geringsten zu überlegen, warum er das fragt, setze ich an und erkläre: »Ja genau, der Journalist, Hrant Dink ...« Er hört nicht weiter zu, verlangsamt nicht einmal sein Tempo, doch nach ein paar Metern wendet er seinen Kopf um und schmettert uns aus dem Mundwinkel ein paar Worte entgegen: »Geschieht ihm recht!« Mit harschen, laut dröhnenden Schritten, als hätte er gerade gegen einen unsichtbaren Gegner gekämpft, setzt er seinen Weg fort ... Wir stehen sprachlos da, unsere Lippen beben. Erst nach einer ganzen Weile war unsere »Expertin« in der Lage, zu mutmaßen: »Bestimmt ein Zivilpolizist!« Wir pflichten ihr ziemlich hilflos bei und trösten uns damit, dass dieser Satz eine Erwiderung ist, die der Gehirnwäsche des Staates entspringt, eine einstudierte Parole. Schweigend, befangen suchen wir die Menge, unsere Freunde, Hrants Freunde, diesmal finden wir sie.

Erinnerungen verlangen manchmal danach, erzählt, wieder und immer wieder erläutert zu werden, manchmal aber verlangen sie auch ein knallhartes Schweigen ... Ich glaube, dass wir drei Frauen, die vor dem Eingang eines Gerichtsgebäudes aufeinandertrafen, jahrelang dieses Schweigen mit uns trugen, als hätten wir ein gemeinsames Verbrechen begangen ... Acht Jahre davor[2], als Zehntausende von uns, geschlossen, schweigend in tiefer Trauer zum Friedhof gezogen waren, im Licht einer ganz wundersamen Wintersonne, stundenlang, schweigend marschierten, am Abend jenes Tages hatte ich geschrieben: »Wir hinterließen eine tiefe, unsichtbare Spur.« Wir marschieren, wir marschieren noch immer und die Spur, die wir hinterlassen, ist alles andere als unsichtbar!

Nach einer Woche, die mit Drohungen, Razzien in Zeitungsverlagen, Schmähungen und »Das geschieht euch recht, ihr *Charlie Hebdos*«-Beschimpfungen verstrich, nun diese Zuversicht, diese Hoffnung ... Es muss das Licht der Wintersonne gewesen sein, an jenem Tag der Beerdigung, das wundersame Licht der Wintersonne, das so anders leuchtete und unsere Herzen so erwärmte, dass es für den Rest unserer Winter reichen wird.

Aus dem Türkischen von Angelika Gillitz-Acar und
Angelika Hoch-Hettmann

---

1. Acht Jahre nach der Ermordung von Hrant Dink am 19. Januar 2007 wurden 2015 erstmals Staatsbedienstete verurteilt, weil sie trotz Informationen den Anschlag nicht verhindert hatten.
2. Beisetzung von Hrant Dink am 23. Januar 2007.

Gleichheit, Ungleichheiten

Werden drei Punkte hintereinander gesetzt, verweist dies auf ein Zögern, eine Leere, auf Unvollständigkeit, und es ist dies meiner Ansicht nach das bedeutsamste aller Satzzeichen. Vor etwa zehn Jahren habe ich »Frau sein« geschrieben und dabei tief seufzend jene drei Punkte gesetzt, und erst nach einer langen Nacht konnte ich zum zweiten Satz übergehen. (Noch stets die gleiche lange Nacht, so dunkel wie Kaffeesatz ... Es ist doch immer Nacht in diesem kalten Land ...) »Sprachlosigkeit« lautete der Titel dieses bitteren Essays, und er brannte mir schon lang auf den Nägeln. Wo und wie (und warum) war eigentlich diese Leere entstanden, dieses Schweigen, durch das meine Sätze so oft abgebrochen, in Klammern gesetzt, verschluckt und vertilgt werden? Durch das meine Wörter zu leeren Formen werden, in die ich alles gieße, was ich verloren habe und noch verlieren werde ... Ließ sich für Mangelhaftes, kaum Auszudrückendes etwa ein Nullpunkt finden? Für mein eigenes Schicksal, das hinter so vielen Geschichten als wiederum ganz eigene Geschichte an eine Wand des Schweigens stieß? Unsere eigentliche Geschichte formt sich ja aus der abgrundtiefen Kluft heraus, die zwischen dem abstrakten Begriff »Frau« und dem besteht, was Frausein tatsächlich bedeutet.

Ein Mensch = ein Mensch. Meinen letzten Essay hatte ich mit dieser »Formel« beendet, die einerseits bekannt und selbstverständlich wirkt, andererseits auch befremdet. Mit einer Gleichung, also zwei parallelen Strichen, wird auf eine »Gleichheit« verwiesen. Und zugleich angedeutet, dass diese sowohl ein Endziel darstellt als auch erst mal nur einen Anfang, einen Ausgangspunkt. Seither sind viele Tage vergangen, es haben sich Massaker gejährt, über die ich mal habe schreiben können, mal nicht, Maraş[1], »Hayata Dönüş«[2], Roboski[3], und auch Berkin[4] hat einen weiteren Geburtstag nicht erlebt. (Trotzdem alles Gute zum Geburtstag ... Ein ganzes Leben ist dir gestohlen worden, dein Leben ... Aber mit dem verewigten Lächeln deiner vierzehn unschuldigen Jahre rufst du deinen Mördern zu: Ich bin hier. Mich gibt es noch!) Inmitten der Tagesnachrichten und dem künstlichen Jubel zur Jahreswende stand in den Zeitungen auch, die Zahl der Arbeitsunfälle – die man eigentlich Arbeitsverbrechen nennen müsste – habe 2014 eine Rekordhöhe erreicht. (In meinem letzten Essay habe ich die offiziellen Zahlen für die ersten elf Monate aufgeführt: die Arbeitsverbrechen, die Gewalt an Frauen, die Futter für die Boulevardzeitungen ist, die von der Polizei Erschossenen, die im Gefängnis ums Leben Gekommenen, all die Opfer von Folter, Gas und Kugeln.)

An einem Neujahrsmorgen lässt einen die Nachricht von einem verstorbenen Häftling in einem fernen Gefängnis so richtig spüren, wie brennend kalt doch diese Zahlen sind; berührt man bei großer Kälte Metall, so brennt einem ja auch die Hand ...) Vor etwa zehn Jahren haben wir uns bemüht, von den Gefangenen zu berichten, die zu Tode geprügelt oder durch Brandbomben getötet wurden, denen man eine gelbe Flüssigkeit in die Wunden schüttete, wir haben über den Arm gesprochen, der in den Müll geworfen wurde. Jahre später kreisen in dem trüben Spiegel, den die Worte uns heute vorhalten, nur Phantome. Hat jemand hingehört? Oder ist der Mensch taub für alles, was nicht sein eigenes Leben berührt? Was, bitte, bedeutet Gerechtigkeit, wenn jeden Tag wieder ein Mensch umgebracht wird, und wieder einer, und wieder einer ... Und da beginnt auch schon das Schweigen der drei Punkte, da nämlich, wo die Begriffe am harten Felsen der Wahrheit abprallen und wie Wasser auf den Boden tropfen ... Und dennoch muss wiederholt werden: Gerechtigkeit ist in dem Maße möglich, in dem wir verinnerlichen, dass alle Menschen gleich sind, unter allen Bedingungen, und dass das Bemühen um Gleichheit das Fundament jeglichen politischen Kampfes bildet, eine unverzichtbare moralische Komponente.

»Wenn man als Jude angegriffen wird, muss man sich als Jude verteidigen. Nicht als Intellektueller, nicht als Hüter der Menschenrechte oder was auch immer.« Und wenn man als Frau angegriffen und erniedrigt wird ... In dieser von männlichen Vorstellungen und einer Männersprache dominierten Welt wird das oft nicht als »Angriff« bezeichnet, sondern mal als »die Natur des Menschen«, mal als »Lüge«, oder es wird von Ehre geredet, von Liebe, von der heiligen Mutterschaft ... Soll ich darüber, dass die älteste, hartnäckigste, tiefste und hinterhältigste Form der Gewaltherrschaft diejenige des Mannes über die Frau ist, nunmehr Sätze schreiben, die sich anhören, als seien sie vor fünfzig oder gar hundert Jahren formuliert worden? Oder lieber tränenreich und mit der Geduld und Sanftmut, die sich für mein Geschlecht eher ziemt, vor mich hin murmeln, ich sei doch auch ein Mensch? Wer sollte dagegen schon etwas einzuwenden haben? Wer schon außer all jenen, die ständig über mich reden, verfügen, entscheiden, mir Befehle erteilen und mir sogar meine Worte, meine Wunden, ja mein Blut stehlen und die mir, sobald ich von meinem »Ich« rede, den Weg zur Hölle weisen ... Wenn doch meine Kraft für die Hölle reichte ... was war es, das mich besiegte?

Wenn ich doch der Körper bin, in dem die Zeit keimt, das Gedächtnis voller Geheimnisse der Wasser und des ersten Lichts, das sich mit der Dunkelheit vereint, wenn ich doch die Melodie bin, mit der alles begann, der Mutterleib, die Brüste prall gefüllt mit Milch, wenn ich doch die Erde bin, die aus tiefem Schlaf erwacht, warum kann ich dann nicht geboren werden? Wenn ich doch all das bin, und auch ich selbst bin, warum gehört mir nichts, was in mir ist, nicht einmal der Schmerz? Wenn es doch Tausende von Jahren gedauert hat, bis ich erschaffen wurde, aus Legenden, Bildern, Begriffen, Sprachen, warum habe ich bis heute kein einziges Wort gefunden, in dem ich sein konnte? Nichts als alte Sätze ...

Aus dem Türkischen von Gerhard Meier

1. Chiffre für das 1978 an Aleviten begangene Pogrom in der Stadt Kahramanmaraş.
2. Am 19. Dezember 2000 stürmten türkische Sicherheitskräfte bei der Operation »Hayata Dönüş« (Rückkehr ins Leben) 20 Gefängnisse, in denen Gefangene Hungerstreiks durchführten. Zahlreiche Häftlinge kamen dabei um.
3. Am 28. Dezember 2011 wurde ein Gruppe kurdischer Schmuggler aus dem Dorf Roboski von türkischen Kampfflugzeugen beschossen, wobei 34 Menschen ums Leben kamen.
4. Berkin Elvan war 14, als er am 16. Juni 2013 beim Brotkaufen durch ein Gasgeschoss getroffen wurde, das die Polizei zur Niederschlagung der Gezi-Proteste abgefeuert hatte. Er starb nach Monaten im Koma am 11. März 2014. Nach Berkins Tod protestierten in mehreren türkischen Großstädten Hunderttausende. Recep Tayyip Erdoğan bezeichnete Berkin Elvan in einer öffentlichen Rede als Terroristen und peitschte dazu auf, die Mutter Gülsüm Elvan auszubuhen, da sie den Ministerpräsidenten direkt für den Tod ihres Sohnes verantwortlich machte.

Das Land, das sie das Leben nennen

*Ich will dich erzählen, ich will dich beschaun und beschreiben, /
nicht mit Bol und mit Gold, nur mit Tinte aus Apfelbaumrinden.*
Wann immer ich mich an diese Zeilen von Rilke erinnere,
werde ich still. Vor Monaten schrieb ich einen Artikel über
Berkin und eröffnete mit diesen Zeilen. Ich konnte den Artikel nicht zu Ende schreiben. Der Rest der Seite ist immer
noch leer. Und jetzt Kader ...[1] Tinte aus der Rinde eines Apfel-
baums, der abbrannte, als seine Blüten gerade aufspringen
wollten. Blutiges Bol, blutiges Gold.

Eine laue Novembernacht. Ein trügerischer Spätsommer,
den man bei uns Pökelsommer[2] nennt und auf den meist
ein langer Winter folgt. Es ist Freitag, eine weitere Nacht,
die einem abschüssigen Pfad ohne Ende gleicht, und ich
laufe. Eine Menschenkette, eine weitere Menschenkette
für Frieden, ist angegriffen worden, mit Gasgeschossen
und scharfer Munition. Die Verwundeten und Toten sind
in Kobanê. Kader. Das heißt Schicksal. Ich laufe die Straßen entlang, abschüssige, steile Sackgassen, künstliches
Licht, *Nah ist,* heißt es bei Rilke, *Nah ist das Land,* ein Korridor erstreckt sich bis zu der belagerten Stadt, eine junge
Frau durchschreitet ihn, *Nah ist,* heißt es bei Rilke, sie trägt
Winterkleidung für Kinder mit sich, *Nah ist das Land, / das*

sie das Leben nennen, ein Waffenlauf sucht sein Ziel ... Ich laufe die Straßen entlang, es gibt lärmende Menschentrauben und Schweigende, ich ziehe ein furchtbares Gewicht hinter mir her, das Gewicht lastet auf mir und auf der Welt, eine 28-jährige Frau läuft vor den Waffenläufen her, in dem Land, das sie das Leben nennen, ausgedörrte Erde, ringsherum Einsamkeit. Schüsse. Kader. Ich laufe durch einsame und überfüllte Straßen, künstliches Licht und echte Finsternis, zunehmend versinkt die Nacht in ihren eigenen Falten, *Man muss nur gehn,* sagt ein Dichter, *Geh bis an deiner Sehnsucht Rand,* auf einem kleinen Todeshügel schieben die Soldaten Wache, unweit davon beginnt das Minenfeld, die Straßen sind solch eine Last nicht gewohnt, ich aber gehe ... Auf und ab auf leeren, weißen Bögen von Papier. *Keiner lebt sein Leben,* sagt ein Dichter, wir gehen nur, die Flammen des Bombardements ähneln einer untergehenden Sonne auf jenem Foto, aber jetzt mal ehrlich: Wem gehört dieses Land, das sie das Leben nennen, und wem gehört es nicht? Menschen, die ihre Rücken den einer untergehenden Sonne ähnelnden Flammen zugekehrt haben, winken in die Ferne, oder es ist die Ferne, die winkt und ruft und anspricht, sie sagt: *Nah ist,* nah war einmal das Land, *Es kann auch sein: / ich fand dich einmal ...*

Die Ferne ruft, sie ruft immer, sie spricht uns an, eine junge Frau läuft auf eine belagerte Stadt zu, die Erde bebt, der Waffenlauf richtet sich auf sein Ziel. Kader. Schicksal ... Auf einem Land, das überhaupt niemandem gehört, suchen die Kugeln sich ihren Weg, eine Frau läuft durch die Nacht, eine Frau, noch eine weitere Frau geht bis an ihrer Sehnsucht

Rand, es kann auch sein: sie spricht dich an und findet dich einmal, jenes Land, das sie das Leben nennen. Einsame und ausgedörrte Erde, eine Kugel trifft, Steine, Steine, und ein ausgebrannter Baum, verdunkeltes Papier ... *Nah ist,* heißt es bei Rilke, *das sie das Leben nennen,* die Zweige fangen Feuer, wo sich doch gerade die Blüten öffnen wollten, das Land, das niemandem gehört, mutterseelenallein laufen wir, über die Erde, die unser Schicksal ist, über Wege und über Bögen von Papier, manch eine kehrt niemals zurück, erschossen stürzen die Worte eines nach dem anderen, eine Schildkröte inmitten der Flammen zieht sich in ihren Panzer zurück, sie träumt von der Ferne. Wir laufen und gehen fort, auch wir, wenn der Tag endet und wenn er beginnt, wir gehn nur und treten still hervor aus der Nacht ...

Gemalt hätt ich dich: nicht an die Wand,
an den Himmel selber von Rand zu Rand,
und hätt dich gebildet, wie ein Gigant
dich bilden würde: als Berg, als Brand,
als Samum, wachsend aus Wüstensand.
Rilke

Ein Foto: Auf eine Menschenkette für Frieden wurde das Feuer eröffnet, die 28-jährige Kader wurde getötet, es gibt viele Verwundete. In der gleichen Woche wurden sechstausend Olivenbäume abgehackt. Es scheint, dass unser symbolisches Foto vervollständigt wurde. Auf diesem Foto sieht man nur den Platz, auf dem die Mutter ausgebuht wurde, nachdem die Polizei ihren Sohn Berkin erschossen hatte, man sieht einen gut gekleideten Bürokraten, der Fußtritte austeilt, und zwar gegen einen Bergarbeiter, der wild verprügelt wurde und zu Boden gestürzt ist, wo 302 andere Bergarbeiter gerade gestorben sind[3], man sieht Hunderte von Morden. Ein Leser fragt mich, warum ich jede Woche über den Tod schreibe, ich verfalle ins Schweigen.

Es kann auch sein: das Leben geht weiter ... Kann gut sein.

Aus dem Türkischen von Oliver Kontny

---

1. Die Studentin Kader Ortakaya wurde am 6. November 2014 beim Versuch, von der Türkei aus ins syrische Kobanê zu gelangen, von türkischen Grenztruppen erschossen. Nachdem sie 25 Tage lang an einer Friedenswache an der Grenze teilgenommen hatte, soll sie sich entschieden haben, sich dem kurdischen Widerstand gegen den IS anzuschließen.
2. Pastırma yazı: Ein »konservierter« Sommer, der sich über seine natürliche Zeit hinaus hält.
3. Das Grubenunglück mit den meisten Toten in der Geschichte der Türkei ereignete sich am 13. Mai 2014 in Soma. Es wird auf mangelnde Sicherheitsvorkehrungen zurückgeführt. Yusuf Yerkel, ein Berater von Ministerpräsident Erdoğan, trat mehrmals auf einen Demonstranten in Soma ein, der bereits von Polizisten am Boden festgehalten wurde.

Worte, Masken

Im Konzentrationslager Auschwitz gab es einen Maler, der ausschließlich Pferdebilder zeichnete. Während um ihn her Tausende von Menschen starben, überlebte er, indem er auf jedes Stückchen Papier, das er finden konnte, aus dem Gedächtnis Pferde malte ... Während Dutzende von Gefangenen für die Dokumentation des Völkermords ihr Leben aufs Spiel setzten, verzichtete der »Egoismus« des Künstlers auf dieses unschätzbar wertvolle »Zeugnis« ... Nach all den Baracken, Verschlägen, all dem Elend und den skrupellosen Kapos, nach einem Leben, das ewigem Eingeschlossensein gleichkommt, nach zahllosen Tagen und Nächten, die alle eine ganz eigene Finsternis darstellen, wendest du dich einem alten Bild zu und siehst es dir im veränderten Licht der Zeit erneut an. Eine Vorstellung, die beschworen wird, nur um ihrer selbst willen, nur um sich selbst zu belügen, zeigt eine Wahrheit, für die ein einziger Blick nicht ausreicht, und sie enthüllt die magische Substanz des Leids. Es ist, als würde sich plötzlich ein Fächer öffnen, der nur da war, um verschlossen zu bleiben, und als würden die in hauchfeinen Schichten übereinanderliegenden heimlichen Gesichter des Lebens, eines Lebens, das als Todesübung erlebt wird, zum Vorschein kommen, und als würden diese willkürlich mit menschlichen

Gesichtern bemalten Masken zu atmen beginnen. Auf den Blättern des Fächers, auf die mit jedem Blick etwas von der eigenen Finsternis abfärbt, und auf den Stäben erscheinen Wehklagen, Flammen, Teufelskreise.

Der Pessimismus und die teils ironisch, teils dichterisch ausgedrückte Verzweiflung an den »Tagen des großen Terrors«, die in Begrüßungen, Festtagsglückwünsche und Sammel-SMS drangen, erinnerten mich wieder an die Pferde von Auschwitz. Aber der Mensch hält eben seinen Atem, den er sonst spielerisch leicht, immerfort einzieht und ausstößt, diesen Atem, der wie wir alle wissen inhaltsleer ist, ein wenig länger an, wenn er am Ertrinken ist, so als mache er seinen ersten Atemzug ... Ein abgebrochener Satz, der nur mit drei Punkten beendet werden kann ... Mit einem Wort ... Hoffnung.

Wie alle anderen, lese auch ich dieser Tage die zahllosen Artikel, Nachrichten, Kommentare, Glossen und Analysen über den IS. Natürlich ist es notwendig, auf diese schwarz gekleidete Horde von Schlächtern, die für jeden, der nicht blind vor Rache ist, zum Albtraum, zum Schreckgespenst geworden ist, mit einer Reihe von Sätzen zu reagieren, wie sie jeder vernünftige Mensch äußert. Sie zu verdammen und sich im Ruf nach Solidarität gegen sie zu vereinen, aber das genügt nicht. Doch leider ist es nicht so einfach, dieses »Heer der Maskierten« zu demaskieren, das neben dem mittelalterlichen Schwert auch mit modernen, äußerst schwer zu beschaffenden und zu bedienenden Waffen ausgerüstet ist, und seine Ziele aufzudecken in dem gegenwärtigen politischen Chaos, obwohl es seine Verbrechen direkt vor unseren Augen begeht. (Wer hat außerdem Empfangsbestätigungen von Waffenübergaben in Händen? Und wenn, welchem Richter soll man sie schon vorlegen?) Es ist ein Rätsel für sich, in welcher anderen Vermummung ein früher oder später besiegter IS wieder vor uns auftauchen und für wen er noch in wessen Namen Gräber ausheben wird. Ich glaube, dass die AKP-Regierung unbeabsichtigt zu viel verraten hat, indem sie sich damit brüstete, lange im Voraus schon abschätzen zu können, was der IS tun würde. Der »Nahe Osten«, in dem die Wahrheit und der Türkische Geheimdienst (MIT) miteinander verflochten sind ... In diesem Nahen Osten, der gleichgesetzt wird mit Krieg (und mit Diktatur, Fanatismus, Unterdrückung der Frau) und dessen Interessenskonflikte sich als »blutige Schlachten« erweisen, an denen sich fast die ganze Welt mitschuldig macht, in diesem Nahen Osten liegt an schroffen Fels geklammert das sprießende, gedeihende Rodschawa[1] ... das sich den Embargos, Belagerungen, Bedrohungen und der Nichtanerkennung widersetzende Rodschawa. Es mag sein, dass ich übertreibe, wenn ich sage, dass sämtliche hegemonialen Mächte dieser Erde die Existenz dieses Rodschawa und alles, was es unternimmt, um seine Selbstverwaltung, Einheit und ein friedliches Zusammenleben zu erreichen, als Bedrohung begreifen. Aber ich übertreibe nicht sehr. Um mich daran zu erinnern, dass Demokratie, Freiheit und Gleichheit nicht nur irgendwelche Begriffe sind, Worte, deren Bedeutung zerfällt ... Um mich daran zu erinnern, dass das, was wir sehen durften, soweit wir es sehen durften, nicht geträumt war, schaue ich mir so ein beeindruckendes Foto an, wie das von den Tagen im Gezi-Park, ein Foto, auf dem ich auch so gerne wäre, sehe mir die vielen Tausend Menschen an, die mit bloßen Händen den Stacheldrahtzaun niederdrücken, die »Grenzen« überschreiten, die Jungen, Alten, Frauen, Kinder ... Um mich daran zu erinnern, dass alles, was wir besitzen, zu dem wir gehören, bei dem wir dabei sein oder mittendrin sein wollen, auch wenn alle hegemonialen Mächte dieser Erde etwas anderes sagen, mit einem bestimmten Wort untrennbar verbunden ist ... Frieden.

Aus dem Türkischen von Angelika Gillitz-Acar und Angelika Hoch-Hettmann

---

1. Autonomes, kurdisches Siedlungsgebiet in Syrien, das von der türkischen Regierung als Gefahr angesehen wird, da es als Rückzugsgebiet für die PKK genutzt werde und den türkischen Kurden als Vorbild für eigene Autonomiebestrebungen dienen könne.

Damalige Nacht

Ohne Vorwarnung, ohne Ankündigung war die Dunkelheit hereingebrochen, hatte an einem gewöhnlichen Septemberabend den Himmel jäh verfinstert, weit vor der Zeit. Es war, als wäre ein pechschwarzer Fluss, aus anderen Gegenden hergekommen, über die Ufer getreten, als hätten die Fluten alles ringsum mit Schlick, Strudeln und Zerstörung überzogen. Die Nacht, wie eine gigantische Faust fällt sie auf die zu Stein erstarrte Stadt und nimmt sie in die Zwinge eines komatösen Schlafes. Hart wie Metall, unzerrüttbar. Die Sturmnacht. Ein zorniger Gebirgswind wütet in den Gassen, wirbelt den Müll durcheinander, die Tüten, die Geschichten der Menschen, ohne Unterschied verstreut er links und rechts letzte Farben und Ansichten vom Sommer. Die Bäume werden durchgerüttelt, und als hüpfte es über die Tasten eines Akkordeons, das nur zu seufzen vermag, spaziert blasses Mondlicht über die Dächer, stockt auf Grabsteinen. Die Stadt, hinter Fenster, Rollläden, Augenlider zurückgezogen, wagt nicht zu wispern. Sie fürchtet, im raunenden Strudel ihrer Worte und Träume unterzugehen, im Vergessen. Noch wenn sie sich an die Morgendämmerung klammert, fürchtet sie, auch diese zu verlieren.

Mecidiyeköy, Istanbul, eine Sonntagnacht. Die Hubschrauber sind fort. Aus einer Senke zwischen dem katholischen, dem orthodoxen und dem islamischen Friedhof schaue ich auf die Stadt. Auf das von Türmen umstellte, stets graue, schattige Viertel, beklemmend wie ein Busterminal, Gärten und Maulbeerhaine sind nur in Straßennamen erhalten. In der Luft der Geruch von Erde und Regen, von Feuer und Gas. Gleich einem hinter Schilden geborgenen Heer ziehen Gewitterwolken am Horizont auf, senken sich rasch. Holen aus den Tiefen des Gedächtnisses die Ablagerungen zahlreicher ungelebter, entglittener, in der Schwebe gebliebener Tage, eines Lebens, das ungelebt verging. Nächte damals, vergangene, nie vergehende, unpassierbare Nächte. Mächtige, zittrige Schatten umfangen die Mauern, dunstig tastet sich das Mondlicht über die Grabsteine, knüpft mit seinen transparenten Fingern eine Melodie aus der Stille. Mal klingt sie wie eine Totenklage, mal wie ein Liebeslied, immer bricht sie mittendrin ab ...

Die Gassen von Mecidiyeköy gleichen einander wie die Blätter in einem Kontobuch, ebenso der Ausdruck jener, die Tag und Nacht durch diese Gassen wandern. Meine staubige, steile Gasse mündet auf einen quirligen, kleinen Platz. Zu dieser späten Nachtstunde drängen sich fliegende Händler und Obdachlose darauf, auf dem Weg zur Arbeit oder von der Arbeit nach Hause vorbeieilende Leute, Bauarbeiter, Lehrjungen, Kuriere, Wachleute, Lieferanten, Reinigungskräfte ... Leute, die für einen pieksauberen Morgen den Müll einsammeln, Bürgersteige kehren, Fassaden und Reklametafeln putzen. Die ganze Nacht über werden Mehl, frisches Brot und Säcke mit Zement oder Schrott transportiert.

Kurdisch, Arabisch, Bambara ist zu hören, von Haus zu

Haus stimmen ein senegalesischer Uhrenhändler und eine Roma-Blumenhökerin, ein syrischer Flüchtling und ein Narr, der seinen Pilaw mit echtem Hunger löffelt, eine gemeinsame Sprache an. Dieser namenlose Platz, wo es bis zum Morgen heißen Tee und Köfte im Brot gibt, verwandelt sich kurz nach Tagesanbruch in eine Arbeiterbörse. Gleich gegenüber bedeckt von oben bis unten ein Schriftzug die Mauern, von den wahren Anwohnern des Platzes aufgemalt und gesäubert, ein Spruch, entworfen für jene, die oben in den Türmen träumen: »Manchmal überflügelt das Leben die Träume.« Dahinter ragt mit seinen über dreißig Stockwerken der berüchtigte Turm auf, den mittlerweile die ganze Türkei kennt. Der Turm, den in einer damaligen Nacht, in einer rasch verschlissenen Nacht ein Schrei erschütterte, wie man ihn nie zuvor hörte, ein Schrei, der mit einer tiefen Spur in jeden Schlaf drang, auch dort, wo es für Kummer und Leid kein Durchkommen gab. Die einzigartige Stimme, die mittendrin abbrechende Melodie der letzten Minuten des Lebens. Sind Träume imstande, den Tod zu überflügeln? Diese Frage brachte die Gewitternacht aus den Tiefen der Zeit her und nimmt sie wieder mit sich fort, wenn sie geht.

Des Armen Zorn stellt zwei Flüsse gegen viele Meere ...
Stellt einen Stahl gegen zwei Dolche.
Cesar Vallejo

Aus dem Türkischen von Sabine Adatepe

Die verkrüppelte Frau und das Meer

Das Meer begann plötzlich violett zu werden. Es war nicht ein dunkles, bedrohliches Violett, in das sich das Meer hüllte, so als würde es sich darauf vorbereiten, endlich seine wahre heimliche Kraft zu zeigen. Ganz im Gegenteil, es war ein absolut außergewöhnliches Violett, das so aussah, als hätte es sich seit jeher dem plündernden Blick des Menschen entzogen, als sei es noch nie gesehen worden, aber schon immer erträumt. Amethystfarben und lila glitzernd ... Sie sah und erkannte die riesige Dunkelheit, die hinter den Bergen an der Küste, hinter der furchtbaren, aber niemanden in Schrecken versetzenden Schlucht aufkam, an der die Namen der Toten auf ein billiges Schild geschrieben wurden. Aber sie hatte sich so sehr an die stillen Nebenstraßen des Lebens gewohnt, und sie rechnete nicht damit, dass ein richtiger Sturm gerade sie aussuchen würde, um sie in seine Mitte zu nehmen. Das Meer hatte sie zunächst in Büchern kennengelernt und war nun tief enttäuscht. Das Meer der Seeräuber, der Schwammtaucher, des großen weißen Wals konnte nicht in der Menschenmenge der Feriensiedlungen gefunden werden. Sie zog Wald und Wüste vor. Die Wüste wurde immer größer, brannte sehr selten, der Wald aber stoppte den eigenen Untergang mit seinen eigenen Flammen. Die

welligen, algigen Gewässer, in denen sie schwimmen lernte
... vielleicht spiegelten sie sich nur noch in ihren Augen. Das
Meer hatte all seine Metaphern dort gelassen, wo sie hinge-
hörten, in den Büchern, stand zwar immer zu ihrer Verfügung,
war aber zu einer Gesundheitsangelegenheit geworden, zu
einem vier- oder fünftägigen Kurzurlaub.

Der Strand war leer. Sie zog sich frierend aus, wickelte
die übertriebene Bandage ihrer tiefen, kleinen Wunde ab,
machte mit dem linken Arm, der selbst für ihren schmalen
Körper viel zu dünn war, ein paar Schwimmbewegungen in
der Luft. Eine Routinebewegung, eine Gewohnheit, eine
Gesundheitsangelegenheit ...

Das Meer war amethystfarben, lila, war Lapislazuli, endlos, grenzenlos. Zum ersten Mal dachte sie, sie könne nicht
nur seine Anfangsmelodie, sondern auch seine Schluss-
melodie hören. Sie hatte sich genug verabschiedet, sie hatte
genug verloren. Als eine Frau, direkt am Ufer, mit Kleid und
Schwimmring, sie anspritzt, schreit sie kurz auf, und als die
Frau ihren Schrei nachahmt, lachen beide laut auf, die eine
echt, die andere erzwungen. Die weite Bucht gehörte im
Moment nur diesen beiden Frauen.

Sofort hatte sie die seltsame, metallische Kälte gespürt, die
Strömung, die sie nicht kannte, aber sie ging weiter. Ohne zu
wissen, warum. Abenteuerlust, Herausforderung, Mut oder
Angst ... Nein, nichts dergleichen, nur eine Farbe, ein Ruf, eine
Melodie. So als hätte die Unendlichkeit die Tür ihrer Seele,
die in engen Zellen eingesperrt war, einen Spaltbreit geöffnet und gelächelt. Sie war nur neugierig darauf, zu erkunden,
ob dieses Lächeln echt war oder nicht. Eine Melodie, deren

Bedeutung sie noch nicht erkennen konnte, sagte ihr, dass sie sich auf den Weg in das letzte Land der Freien gemacht hatte. In ihren Augen die Verlassenheit eines Todes, vielleicht auch mehrerer Tode, schwamm sie in Richtung des grenzenlosen Meeres der Einsamkeit, immer weiter. So wie sie nicht wusste, warum sie weitergeschwommen war, wusste sie auch nicht, warum sie umkehrte. Sie hatte einmal gehört, dass der Tod durch Ertrinken ein sehr qualvoller sei. Ein Afrikaner, der aus einem gekenterten Boot gerettet wurde, hatte gesagt: »Wenn die Zeit kommt, wirst du verstehen, was ein Wunder ist.« Als sie bemerkte, wie die beiden Männer, die gegen den furchtbaren Wind ankämpften und die Anlegestelle nicht verließen, in ihre Richtung riefen und mit Armen und Händen herumwedelten und auf einen Jetski-Fahrer zeigten, beschleunigte sie. Die Anlegestelle war nun zehn, fünfzehn Meter weiter weg. Dann zwanzig, und dann noch weiter ...

Als sie erkannte, dass nicht nur eine halb verkrüppelte, dürre Frau, sondern nicht einmal Herkules gegen diese Strömung ankommen konnte, mochte sie das Meer noch ein bisschen mehr. Es war gerecht, machte ihr nichts vor. Sie schwamm in die einzige Richtung, in die sie sich fortbewegen konnte, weiter ins offene Meer hinaus, aber gegen die Strömung, ziemlich lange. Der Wind war so heftig geworden, dass sie ihren Kopf nicht mehr aus dem Wasser heben konnte. Sie musste Wasser schlucken, so lange sie es ausspucken und aushalten konnte. Obwohl sie Filme, die den Kampf zwischen Mensch und Natur thematisierten, hasste, hatte sie die Hauptrolle in einem schlechten Film ergattert, den sie sich nicht einmal angesehen hätte. Sie weinte aus Verzweiflung, ein paar lauwarme Tropfen in dem grenzenlosen Wasser ... Der Berg, der sich nur durch ein Wunder von der Stelle bewegen konnte, war nun von Sturmwolken umgeben. »Bist du bereit auf dem Wasser zu laufen?«

Sie spürte die Veränderung der Wellenrichtung mit ihrem Körper, drehte sich um, begegnete der Welle in der Schräge. Sie kämpfte jetzt nicht mehr gegen sie, sie hatte sich mit ihr vereint, bewegte sich mit ihr fort. Sie atmete zusammen mit dem Meer, sah in allen vier Himmelsrichtungen nur Wasser. Und ihren rechten Arm mit den Henna-Tätowierungen, der aussah, als würde er jemand anderem gehören ... Aber auf dem Wasser und im Gleichgewicht hielt sie ihr linker Arm. Sie war in einem einsamen Dazwischen nur für eine Person. Auch wenn sie die wahre Melodie des Meeres, seinen Ruf erhört hatte, wenn sie zurückwollte, musste sie sie aufgeben und dort zurücklassen, wo sie hingehörte, im Meer.

Als sie zitternd ans Ufer gelangte, lachte sie laut. Alle waren geflohen, hatten Schutz in den Gebäuden gesucht, die elektrischen Leitungen waren abgerissen. Ihr Mobiltelefon klingelte unentwegt, und sie hatte ein Gefühl wie Ekstase oder wie beim Lieben, aber wofür wusste sie nicht. Sie würde ihm einen Namen geben, früher oder später, sie würde es das Leben selbst nennen, weil ihr sonst nichts einfallen würde.

Aus dem Türkischen von Şebnem Bahadır

Mein Artikel vom 9. März 2015

Es war ein melancholischer Wintermorgen, in dessen Tiefen, weit hinter den Nebelschichten, sich eine gefrorene, lichtlose Morgendämmerung versteckte. Kalt und farblos, und zwar so farblos, wie nur möglich: Jede einzelne der sieben Farben hatte sich in ihre eigene, private Schmuckschatulle zurückgezogen. Die Dämmerung schien sich beharrlich davor zu drücken, den Horizont zu durchbrechen, irgendwelche Aufrufe oder Versprechungen zu machen, die Horen durcheinanderzuwerfen und aufzuwecken. Ein Wind schwoll an, um einen heraufziehenden Sturm zu verkünden, doch selbst er trug schwer unter seinem Schweigen, hatte sich innerlich seine Träume und Ausflüchte zurechtgelegt, vermochte aber nicht auszudrücken, was ihm auf der Zunge lag. Es war ein kurzer Wintertag, dessen Anfang und Ende in derselben, einsamen Weite der Finsternis vertäut lagen, so dass er sich nicht entscheiden konnte, in welche Richtung er dümpeln würde, und sich in stockender Unentschlossenheit hin und her wand. Wie ein Satz, dem bestimmt ist, nach der Hälfte abgebrochen zu werden. Der 9. März, morgens, Istanbul.

Der Monat März beginnt immer so finster und grausam in dieser Stadt. Im Bewusstsein, bald seine Macht zu verlieren, legt sich der Winter mit letzter Kraft ins Zeug. Während

Frühlingsfunken schon die Erde wärmen, fällt noch einmal Schnee.

Ich sitze allein vor leerem, weißen Papier. Nach einem allem zum Trotz unglaublich bunten, enthusiastischen, leidenschaftlichen Internationalen Frauenkampftag voller Aufstand und Rebellion ... Wieder schreibe ich Sätze, denen bestimmt ist, mit drei Punkten abgebrochen zu werden, Wörter, die darauf warten, mit Bedeutung gefüllt zu werden wie leere Gefäße, zu einem Alltag, den wir nicht so leicht ummodeln und wenden können wie Worte ... Mit sehr gemischten Gefühlen ...

Wie sollen wir die allgegenwärtigen Glückwünsche zum 8. März 2015 lesen, vor denen selbst jene Zeitungen sprühen, die bei jeder Gelegenheit betonen, dass Frau und Mann auf keinen Fall gleichberechtigt sind? Was sollen wir mit den Kommentaren und überschwänglichen, blumigen Überschriften anfangen? Wie reagieren wir auf Anzeigen, in denen dazu aufgerufen wird, seine Ehefrauen nicht zu töten und ihnen nicht zu unterzustellen, ihr Haar sei zwar lang, doch ihr Verstand begrenzt? Mit welchen Gefühlen begegnen wir den Sonderaktionen für Haushaltsgeräte und Kosmetikartikel? Sollen wir nach dem grauenerregenden Mord an Özgecan[1] Hoffnung aus der inszenierten gesellschaftlichen Bestürzung schöpfen und uns freuen, dass eine beachtliche Zahl von Männern an den Trauermärschen teilgenommen hat? Oder sollen wir zwei Tage nach diesem Mord, während die Frauen noch auf den Straßen demonstrieren, die Geschichte jener drei Frauen thematisieren, die von ihren Partnern zu Tode gefoltert wurden? Wie stellt sich aus der Perspektive von Schuld, Sühne, Gerechtigkeit und Rechtsordnung der Fall eines Frauenmörders dar, der sich mit der Aussage verteidigte, er habe seine Partnerin getötet, weil sie behauptet habe, die Kinder seien nicht von ihm? Er bekam achtzehn Jahre Gefängnis – das ist ungefähr das, was Sie auch bekommen, wenn Sie in einer Menschenmenge aufgegriffen werden, aus der Molotowcocktails geworfen wurden. Wie stellt sich das aus der Perspektive von Gleichheit und Menschenrechten dar? Müssen wir uns anstrengen, um der »Handvoll Psychopathen« eine Antwort zu geben, die ihre misogynen Mordphantasien nicht einmal für ein paar Stunden zügeln können und den Frauen auf den Demonstrationen zum 8. März hinterherriefen: »Ihr werdet auch getötet!«, müssen wir wirklich die schon tausend Mal wiederholten Sätze über patriarchale Mentalität und Frauenfeindlichkeit abspulen? Ist es erbarmungslos oder nur realistisch, ein weiteres Mal die Zahlen aufzuschreiben, die nichts von ihrer furchterregenden Dimension einbüßen, so oft wir sie auch nennen? Oder ist es der Hang zum Masochismus, der Frauen gern nachgesagt wird, weil wir es ja brauchen, die Leere im Kopf mit Leiden zu füllen? (Berichte über die Gleichstellung von Frau und Mann führen die Türkei an 125. Stelle von 142 Ländern an. Wir sind eines der Länder mit der niedrigsten Repräsentationsquote von Frauen in der Politik. Wir haben 77 weibliche Abgeordnete, gerade mal zwei Gouverneurinnen, eine Ministerin und eine Staatssekretärin. Im Justizwesen und an den Universitäten sieht es ebenfalls erbärmlich aus!) Der Präsident kann mit einem Befehl, den er zwischen seinen Lippen hervorhaucht, de facto Millionen von Frauen das Recht auf Abtreibung rauben und dann in seiner Botschaft zum 8. März verkünden, er wolle die Frauenfrage persönlich in die Hand nehmen, so wie er zuvor schon persönlich gegen den Tabakkonsum ins Feld gezogen war. Sollen wir auf diese Botschaft mit Leid reagieren, mit Belustigung oder mit Verständnis?

Wir trauern nicht, wir wagen den Aufstand! Das ist nicht etwa nur die Parole vergangener Demonstrationen, sondern unsere aktuelle Wirklichkeit! Es sind Frauen, die die Türkei verändern. Frauen werden dieses Land verwandeln ...

Als ein Zeitalter, das seine Sagen und Legenden verloren hat, mussten wir nun auch noch unseren vermutlich letzten großen Erzähler verlieren.[2] Ich weiß, dass es normalerweise in Enttäuschung endet, wenn man einen Autor persönlich kennenlernt, dessen Bücher man liebt. Aber es gibt Ausnahmen wie Yaşar Kemal, und die rufen uns in Erinnerung, was es heißt, Schriftsteller oder Schriftstellerin zu sein. Ich habe nie auch nur einen einzigen Satz von ihm vernommen, der nicht Lebensweisheit und das schwere, süße Aroma der Erde in sich trug. Meine allererste Auszeichnung – den Sait-Faik-Literaturpreis – nahm ich aus Yaşar Kemals Händen entgegen, aber bis heute bin ich ihm noch dankbarer dafür, dass er mir als einer jungen und völlig mittellosen Autorin jede Woche freitags im Adam-Verlag ein Paket Zigaretten vorbeigebracht hat. Wirklich jede Woche ... Mit einem Blick hat er verstanden, dass ich kein Geld hatte, mir von seiner eigenen Jugend erzählt, und mit ein paar Sätzen und kleinen Präsenten hat er mich nicht nur mit meinem Schicksal versöhnt, sondern, so glaube ich, mit dem Menschen an sich. Immer wenn ich

spüre, dass Wut oder Hoffnungslosigkeit mich zu überwälti-
gen droht, greift meine Hand nach diesem Paket Zigaretten,
das immer noch nicht leer ist. »Mädchen, das ist pures Gift,
aber ganz ohne kann man auch nicht schreiben!«

Aus dem Türkischen von Oliver Kontny

_____

1. Die Studentin Özgecan Aslan wehrte sich im Februar 2015 in Tarsus mit
    Pfefferspray gegen den Vergewaltigungsversuch eines Busfahrers, der
    sie daraufhin ermordete und verbrannte. Ihre Ermordung löste in der
    Türkei Massenproteste gegen die Gewalt an Frauen aus.
2. Der 1923 geborene Romanautor Yaşar Kemal starb am 28. Februar 2015.
    Seine epischen Werke rückten im Unterschied zur großstädtischen
    Literatur der (Istanbuler) bürgerlichen Moderne die Menschen Anato-
    liens in den Mittelpunkt des Erzählens.

Wir sind schuldig

Was gilt es zu schreiben? Was kann das Schreiben, was können Texte ausrichten, was können sie »in Worte fassen«, im Namen welcher Welt können sie die heutige verändern? Wieviel Realität hält das Schreiben aus? Es ist drei Uhr nachts, der Regen hört immer mal wieder auf, um dann neu einzusetzen, stärker zu werden. Ich kann fast die Töne hören, mit denen die Sekunden auf die Steine prallen, bevor sie abfließen. Ich bin an meinem Lieblingsort, ich bin in meiner eigenen Nacht, geschützt wie in einem Zelt. Mit der Finsternis wird auch der Engpass finsterer, in dem du dich befindest mit deinen ewigen Fragen, und er versperrt dir alle Fluchtwege ... *Ein Text ist entweder ein Urteil oder ein Schrei.*

Ein Satz, der schon zig Male gesagt wurde, manchmal reißt er einen Menschen mit wie ein Strudel und wirbelt ihn zwischen Erde und Himmel umher. Dann speit er einen unverhofft aus und man bleibt an den Ufern des Schweigens liegen. Ein Text, der mit einem Schrei entsteht, selbst ein Schrei ist. Ein Text, der die Funktion eines einzigen Schreis zu erfüllen vermöchte, welcher das gesamte Universum erfüllt. Wer hätte schon genug Luft, um in die Unendlichkeit zu schreien, jeden Tod mitzusterben und neu geboren zu werden? Welches Wort könnte die Schreie armenischer Kinder wiedergeben, auffangen, beschwichtigen, die in einen Brunnen geworfen wurden? Mittels welcher Worte könnte eine neue Welt herangären, eine andere Welt, in der alles seinen eigenen, echten Sinn bekäme, auferstanden aus der Asche dieser Welt?

Die Grenzen eines Textes sind solcher Art, dass das Schreiben sie nicht überwinden kann, ohne in Flammen aufzugehen, in Stücke gerissen zu werden, zu Asche und Gebein und Schweigen zu werden. So oft ein Text auch ins Reich der Toten hinabzusteigen vermag, nie wird er jemanden von dort wieder zurückbringen. So unermüdlich er auch durch die Korridore vor den Folterzimmern schleicht, er wird die Schlösser nicht aufsperren. Er mag den Mut aufbringen, in die Konzentrationslager einzudringen, von deren geschmückten, mit markigen Sprüchen beschilderten Toren die Verurteilten hängen, doch er spürt, dass er nicht mehr zurückkehren wird. Wenn er doch zurückkehrt, weil es ihm um den bloßen Bericht bestellt ist, dann zahlt er den Preis, sein Selbst dort hinten, dort, hinter den unüberwindlichen Drahtzäunen zurückzulassen. Er setzt alle Masken auf, derer er angesichts des Todes habhaft werden kann. Wenn er uns vom Rande des Abgrunds zurufen will, der Täter und Opfer voneinander trennt, dann hört er nur seine eigene Stimme, und er vernimmt Worte, die ersticken, bevor sie bis zur anderen Seite, zu den Ufern der Wirklichkeit und der Zukunft vordringen. Meist entscheidet er sich, eine relativ sichere Distanz einzunehmen, sich vielleicht mit der Verantwortung der »Zeugenschaft« zu bescheiden, die im Allgemeinen zu bewältigen ist.

Auch wenn es zu einfach klingt, zu spät kommt oder vergebliche Liebesmüh ist – wir müssen es in Worte fassen: Wir sind schuldig. Wir haben in diesem Land ein furchtbares Verbrechen begangen, von dem die Überlebenden nur verschwommen als »Große Katastrophe« sprechen dürfen, wir haben die Wurzeln eines Volkes ausgerissen. Wir haben die Männer verpflichtet, in unseren Armeen zu kämpfen und die Frauen und Kinder ohne Proviant auf nie endende Fußmärsche geschickt, um sie dort mit dem Schwert zu fällen. Aber die Schuld der Menschen liegt nicht nur in ihrem Handeln, sondern auch darin, in welcher Form sie sich ihr Handeln aneignen. Ein ungleich größeres Verbrechen haben wir begangen, indem wir verleugneten, was wir taten. Indem wir uns weigerten, die einzige Frau anzuschauen, die uns unter all den Kohorten, die wir in den Tod schickten, mit der Hand zuwinkte, uns seit 99 Jahren zuwinkt. Ein unvergleichliches Verbrechen, einem Menschen sogar noch seinen Schmerz abzuerkennen und zu entreißen ... Die Überlebenden der Lüge zu bezichtigen und sie für das, was ihnen widerfahren ist, auch noch zu beschuldigen ... Vielleicht ist dies der Grund, warum wir in unserem mit Gruben und Hügeln übersäten Land andauernd irgendwo die Erde aufreißen und irgendetwas zuschütten. Übersät ist unser Land von Gebeinen, von Asche, von Schweigen. Weder vermögen wir der Frau in die Augen zu schauen, die heute fast zu Tode geprügelt am Rand einer Autobahn ausgesetzt wird, noch der Guerillakämpferin, von der nur noch ein Skelett gefunden wird. Wir erleben, um zu vergessen, wir vergessen während wir töten, wir vergessen andauernd, dass wir auch in uns selbst Leichen tragen.

Sich mit etwas auseinanderzusetzen, ist etwas anderes als etwas zu übernehmen. Es bedeutet, den Betroffenen in die Augen schauen zu können und ihnen das Wort zu überlassen. Zu spät ist es vielleicht dafür, für die Toten ist es in jedem Fall zu spät, aber die noch Lebenden sollen uns endlich von der Großen Katastrophe erzählen. Und sie beim Namen nennen.

Wenn die diesjährige Beileidsbekundung unserer Staatsführung lediglich zehn Jahre früher erfolgt wäre, dann wäre vielleicht Hrant und vielleicht auch das jüngste Opfer des Völkermordes, Sevag, noch unter uns.[1] Und wir wären heute ein anderes Wir.

Ein Schlusswort zum ersten Mai: Der Taksim-Platz ist unser, er gehört allen, die dort einen Toten zu beklagen haben.[2] Mit jedem Mal, das wir uns auf diesen kaum noch wiederzuerkennenden Platz zubewegen, dem Tränengas, dem Wasserwerfer, dem Schlagstock zum Trotz, mit jedem Mal, das wir aufbrechen, gehört der Platz mehr und mehr uns.

Aus dem Türkischen von Oliver Kontny

---

1. Der armenische Journalist Hrant Dink wurde am 19. Januar 2007 in Istanbul erschossen. Der Fall gilt als der wichtigste politische Mord der Gegenwart. Der armenischstämmige Soldat Sevag Şahin Balcı starb 2011 bei der Verrichtung seines Wehrdienstes, und zwar am 24. April, dem Jahrestag des Genozids an den Armeniern. Bis heute ist nicht aufgeklärt, ob es sich um einen rassistisch motivierten Mord aus den Reihen des Bataillons handelte.

2. Am 1. Mai 1977 töteten Paramilitärs 34 Teilnehmer einer Demonstration auf dem Taksim-Platz in Istanbul und verwundeten weit über hundert Personen. Seither durfte der Taksim-Platz nicht mehr für Kundgebungen benutzt werden. Jahrzehntelang jedoch hielt sich die Forderung »Der Taksim-Platz ist unser«, und die Proteste vom benachbarten Gezi-Park, die am 28. Mai 2013 begannen, lösten diese Forderung zumindest zeitweise ein.

Ohne Anfang und ohne Ende

Unüberschaubare Mengen von leerem, weißem Papier. Nüchtern, langweilig, öde. Einsam, obskur, hallend wie verlassene Tempel. Erbärmliche verstaubte Phantasien, ineinander verschwimmende Bilder, herrenlose Schatten, unvollständige Sätze ... Lage für Lage, Schicht für Schicht angehäuftes, zu Sediment gewordenes Weiß, das alle Blicke schluckt und sich einverleibt ... Zeilen, so weit aufgerissen wie leere, weiße Augäpfel, immer weiter immer länger werdend, in Wartestellung: ungeschriebene Zeilen. Welten, deren Flammen erloschen, längst ausgebrannt und zu Asche geworden sind, weil sie einfach nicht mehr auflodern konnten. Modergeruch, der in alles und überall eindringt. Stimmen, die verhallen, Phantasien, die darauf warten, gehoben zu werden, Schatten, die auf geheimen Pfaden durch das Gedächtnis streifen ... Phantome, die tastend zwischen Ruinen nach Tageslicht suchen ... Stockdunkle, trübe Sümpfe des Schweigens, feststeckende, in ihrem eigenen Bett dahinsiechende Zeit. Vergessene, immer wieder vergessene Träume, knotige Wurzeln, verschwommene Gesichter mit verblassten Gesichtszügen, unhörbare, erstickte Schreie ... Immer tiefer sinkend, wie von Sand bedeckte Spuren des Verschwindens, des auf immer und ewig Verlorengehens ... Vielleicht ein vager, letzter Seufzer aus einer bei lebendigem Leib begrabenen Vergangenheit ... Vielleicht die zerschmetterten Abbilder der nun zurückgezogenen Götter, die vergaßen und vergessen wurden, jeder davon in seinem eigenen Schlummer, in seinem allerletzten, nacktesten Nichtsein ... Augen wie aus Mauern, Sätze, die erstarrten, nachdem sie aus einem durchstoßenen Herzen geflossen waren ... ein Spiegel, der seine Existenz nur seiner beschichteten Seite verdankt, eine Maske, die in ihrer eigenen Hohlheit atmet, eine Unendlichkeit, die zur Flut anschwillt und an die Küsten des Lebens schlägt. Worte, die unablässig durch eine heulende Finsternis schwirren, als wären sie von einem Strudel erfasst worden. Worte, wie jäh dem Land der Toten entstiegen, in einem wütenden Wind zerstoben, sich voneinander losreißend und wieder vereinend, auflodernd und erlöschend, einer neu erschaffenen Welt Leben einhauchend ...

»Unüberschaubare Mengen von leerem weißem Papier«, so hatte ich Ende Dezember angefangen zu schreiben ... Es jährten sich drei verschiedene blutige Gräueltaten. Ich hatte über mehrere Monate hinweg vier ineinander übergreifende Geschichten über Maraş verfasst, drei Texte über Roboski, weitere über die Operation »Hayata dönüş«, Ulucanlar[1] und die Typ-F-Gefängnisse[2], sowie das Todesfasten. Aber alle diese Texte kamen einfach zu keinem abschließenden Wort, konnten nicht vollendet werden, blieben eigentlich nicht schreibbar. Von einem zum nächsten Absatz neue Massaker, Blutbäder, Morde, deren Jahrestage in den Januar fallen ...

Diesmal griff der Tod auf drei Flanken an, startete eine Belagerung. Ganz gnadenlos, blutrünstig, wie zum Spott ...

Auch dieser Text soll eine Totenklage sein, die nicht geschrieben werden konnte, oder auch nur das Anstimmen einer Totenklage, ohne Anfang und ohne Ende.

Aus dem Türkischen von Angelika Gillitz-Acar und Angelika Hoch-Hettmann

---

1. Bis 2006 Zentralgefängnis in Ankara.
2. Hochsicherheitsgefängnisse.

Die Karawane der Krüppel

Und bis meine furchtbare Geschichte erzählt wird, heißt es in einem alten Gedicht, *wird dieses Herz in meiner Brust brennen.* Wie aber erzählen? Worte sind trocken und nackt, sind nur einzelne Hülsen, in deren Schrunden ein herrenloser Schrei dröhnt. Nach langen Wegen, langen Toden ... Zermalmte, zu Fasern gewordene Wörter, aus Dunkelheit, aus Schweigen geknetet ... Jedes ein Echo, ewig verzweifelt wiederholt, im Blick der Toten werden sie zu Stein. Eine furchtbare Geschichte wartet da, am Ufer gegenüber, dem Gutdünken der Zeitlosigkeit überlassen. Ein trostlos leerer Weg, wie ein längst zu Erde gewordenes Grab, beim Untergang aller Zeiten ... Diese meine fürchterliche Geschichte harrt dort, wo die Nacht sich verdichtet, starrt mich aus ihren ans Finstere gewöhnten Augen an. Als suchte sie in einem Spiegel, durch den Gespenster huschen, nach dem eigenen Gesicht. Sie ruft, sie schweigt, sie entsinnt sich, sie vergisst, sie träumt. Vielleicht will sie aus dem Gesicht eines Menschen heraus sprechen, wünscht sich einen Körper, einen Atem, möchte einen Anfang haben und ein Ende. Vielleicht wünscht sie sich auch Unendlichkeit, zu Erde zu werden, zu Stein. Vielleicht sehnt sie sich nach dem Himmel, nach Licht. Ein Abgrund trennt uns voneinander, ein Abgrund vereint uns.

Schale um Schale löst sich von ihr, Wort um Wort bricht von ihr ab, sie mischt sich unter die Finsternis, ununterscheidbar von der Nacht. Sie folgt den Wegen des Wassers und strömt in die Erde, getrübt vom Schlamm der Welt der Menschen.

Jedes Wort ein Spiegel, durch den Gespenster huschen, das Abbild im Spiegel ein gesplittertes Echo, ein Abgrund, den der Blick noch vertieft. Jedes Wort ist die Wunde, die sie einander geschlagen haben mit von Blicken geschliffenem Messer, ein blutender Abgrund.

* * *

Erneut versuche ich, Folter zu »thematisieren«, hineinzuziehen in die Grenzen des Wortes … Nolens volens zersplittert meine Sprache, verfinstert sich, verirrt sich. Mit der distanzierten Haltung der Journalistin wäre es mir womöglich gelungen, ich hätte die konkreten, offenkundigen Befunde auflisten können. Protokolle, Erzähltes, ärztliche Atteste, Obduktionsberichte. »Jeder weiß es, verflucht, jeder erlebt es in irgendeiner Weise.« Eindeutige Spuren sind da, die nicht verschwinden, auch wenn Dutzende Jahre vergehen, ärztliche Atteste liegen vor, unter tausenderlei Erniedrigungen, unter Prügeln ertrotzt, da ist ein Mann, der im Verhör starb, mit siebenunddreißig, ein blutjunges Mädchen ist da, vergewaltigt, ein Obduktionsbericht liegt vor … Doch gleich tauchen überall Gesetze, Urteile, Weisungen auf, die jene, die davon reden, jene, die Vergewaltigung und Folter durch den Staat auch nur thematisieren, der Lüge, der Verleumdung, dieses und jenes bezichtigen. (Diese niederträchtige Kollaboration, die

Vergewaltigungsopfer diskriminiert, sie mit dem Nimbus von Einsamkeit umgibt, sie auf diese oder jene Weise schlussendlich als »Lügner« abstempelt.) Dieses Mal aber zeigt sich der Rechtsstaat: Drei Polizeibeamten werden des Mordes an Süleyman Yeter[1] angeklagt. Einer wird freigesprochen, bei einem kommen »gute Führung«, Revision, Vollzugsgesetz ins Spiel, insgesamt sitzt er einen Monat hinter Gittern! Gegen den Einsatzleiter kommt es gar nicht erst zum Prozess. Dass einer von ihnen, der, der später Karriere machen sollte, zuvor bereits zwei Mal wegen Foltervorwürfen angeklagt war und nicht einmal eine Vorstrafe erhielt, da man der Meinung war, er täte es nicht wieder, erfahren wir Jahre später.

Mag sein, dass es die vulgäre, bis in die letzte Zelle hinein selbstzufriedene Herrschersprache des Folterers ist, die uns der Realität nahebringt, die uns in die Wahrheit, in die wir letztlich stürzen, hineinschleudert: »Als wir ins Gefängnis kamen, haben sie uns verlacht und verspottet: ›Da zieht die Karawane der Krüppel hin!‹« Sein krankes, von dem Leid, das er verursacht, berauschtes Gelächter ist es, das uns unsere eigene Realität lehrt: Dass wir irreparabel verletzt sind, unumkehrbar verkrüppelt. Dass wir in der Tiefe, da, wo wir mit dem Leben verbunden sind, unaufhörlich bluten und weiterbluten werden. Nicht allein der Gefolterte und der Folternde, nicht allein der Journalist, der Staatsanwalt und der Arzt, die dem jungen Menschen den Rücken kehren, den man am Palästinenserhaken hängen lässt, bis ihm die Nerven absterben. Wir alle. Dass wir uns in der Karawane der Krüppel voranschleppen. Taumeln, stolpern, mit Schritten, die ärgste Schmerzen kosten. Schlurfen wie in Fußketten gelegt, niedergedrückt, als schleppten wir eine gigantische Last. Bei jedem Schritt splittern und zerfallen wir weiter, jeden Moment ferner, tauber, verlorener. Unsere Begriffe hängen in Fetzen von uns, unsere Worte, unsere Persönlichkeit, Komplizen bis in alle Ewigkeit ...

Niemand hörte seinen Hals brechen, zum Glück nicht einmal er selbst. Doch dort, wo die Nacht sich verdichtet und sämtliche Stimmen der Welt auslöscht, steigt der spitze Schrei eines brechenden Knochens unaufhaltsam empor und breitet sich aus, Welle um Welle, ins Unendliche, hallt verzweifelt wider, macht sich auf seinen Weg. Zu einem Ort, wo man sich seiner annimmt, zu einem herrenlosen Herzen ...

Aus dem Türkischen von Sabine Adatepe

---

1. Der Gewerkschafter Süleyman Yeter wurde am 7. April 1999 durch die Folter in der Anti-Terror-Abteilung Istanbul getötet.

Phantasie an die Macht

Krieg. Ein Begriff, eine Realität, ein menschlicher Zustand, eine Tragödie. Das sich ständig wiederholende dunkle Thema der Erzählung, die man Geschichte nennt ... Die »Reise«, die Eindrücke in Erfahrung, Erfahrung in Worte umwandelt, ist immer eine Herausforderung, aber wenn der Eindruck der Krieg selbst ist ... Inmitten einer bewaffneten Auseinandersetzung sein, in einer verdunkelten Nacht in einer fremden Stadt Orientierung suchen, mit einem Bosnier, der eine Kopfwunde hat, die Straße, die er verteidigt hat, entlanglaufen ... Am Anfang der Gebiete, die niemand gehören, am Nullpunkt der Grenze, als wir uns alle an den Händen hielten, um eine Friedenskette zu bilden, fand ein Luftangriff statt.[1] Ich spürte, keine einzige Erfahrung, die ich bisher gemacht hatte, hatte mich auf diesen Moment vorbereitet. Vielleicht fühlen sich selbst diejenigen, die eine umfassende militärische Ausbildung haben, verloren, wenn sie sich der Realität des Krieges nähern, die so im Gegensatz zum Leben steht, eine Realität, die sogar den Tod als Gegensatz zum Leben übertrifft.

Ich hatte mich gefragt, welche Worte uns in Kobanê wohl begegnen würden ... Natürlich lässt sich Kobanê nicht in ein paar Tausend Anschlägen, in ein paar Stunden erzählen. Die

Geschichte der Flüchtlinge wie auch derjenigen, die sich entschieden haben, in der nach Tod riechenden Stadt zu bleiben, muss erzählt werden, die Geschichte der Guerillas, der Zivilisten, der Verwundeten, verstreut in Urfas Krankenhäusern, und derjenigen, die verbluten, weil die Grenze nicht rechtzeitig geöffnet wurde. Auch die Geschichte derjenigen, die unentwegt in Richtung der Stadt in Rauchschwaden starren und auf ihre Kinder warten, und die der Kinder des Flüchtlingslagers Arin Mirza ... jede einzelne Geschichte, immer wieder ... bis sie gehört werden, die Geschichten. Kinder, die zwischen den Reihen von Zelten das Siegeszeichen machen. Die ernsten, erschöpften Gesichter derjenigen, die seit Wochen an der Grenze wachen, immer wieder provozierenden Schüssen und Tränengas ausgesetzt: »Wir mussten viele Tote begraben.« Der Satz auf Kurdisch, den die Mutter des Guerillakämpfers, die meine Hand hält und versucht, nicht über meine Aussprache zu lachen, mir Wort für Wort beibringt: »Biji Berxwedana Kobanê!« Es lebe der Widerstand von Kobanê! Es war Ende der Neunzigerjahre. Ich hatte mich unter eine Gruppe Frauen gemischt, die die Polizeiabsperrung passiert hatten und versuchten, Richtung Istiklal Caddesi in Beyoğlu zu marschieren. Von allen Seiten hagelte es Beschimpfungen, Drohungen. Die Polizisten, ihre Schlagstöcke schwingend, schnappten sich einzelne Frauen aus der Menge und nahmen sie fest. Ich glaube, an dem Tag habe ich zum ersten Mal dieses Wort gehört: Berxwedan. Inzwischen berichten die Zeitungen, die sie damals ignorierten oder attackierten, auf den Titelseiten über die 500. Woche der Samstagsmütter[2]!

Eigentlich weiß ich schon lange nicht mehr, ob ich das Wort »Frieden« schreiben darf ohne mich zu schämen, als Bürgerin eines Landes, das nichts ungetan lässt, um einen selbstverständlichen Korridor zu verhindern, das selbst über humanitäre Hilfe für eine belagerte Stadt noch verhandelt, das angesichts der Ereignissen vom 6. und 7. Oktober verkündet, dass »es nur die Verwundeten aufnehmen könne, wenn sich die Lage beruhigt habe«. Dabei stehen dem IS die Wege, Tore und Korridore sperrangelweit offen! Eines Landes, das zusieht, wie zwölf Verwundete langsam verbluten. Aber ich wiederhole es im Namen der Verteidigung meines Rechts auf das Aussprechen dieses Wortes. Frieden. Wir, die wir an die Verbrüderung von Worten und Völkern glauben, an die Unsterblichkeit des WORTES, an das ewige Feuer des Widerstands in der Seele des Menschen, an das Feuer, das ein neues Wort zur Welt bringt, sobald eines stirbt, und an die prunkvollen Träume, die wir Freiheit nennen, werden das Wort Frieden so lange wiederholen, bis ein echter Korridor geöffnet wird. Bis alle Stacheldrähte zerstört sind, die Mensch von Mensch trennen ... Ein Korridor von Mir zu Dir, ein Schritt, ein Wort, eine Stimme reicht manchmal schon aus, aber um dies den »Korridor der Menschlichkeit« zu nennen, müssen wir noch lange marschieren. »Phantasie an die Macht!« (Das ist der Abschiedssatz von Suphi Nejat)

P. S.: In der Presse haben sich Fehler in die Liste meiner Freunde eingeschlichen, die sich aus Istanbul auf den Weg gemacht hatten: Ayşegül Tözören, Gaye Boralıoğlu, Hatice Meryem, Sema Kaygusuz, Menekşe Toprak, Seray Şahiner,

İlkay Akkaya, Vivet Kanetti, Sine Ergun, Murathan Mungan. Die Liste derjenigen, die aus Diyarbakır, Batman und Ağrı dazukamen, habe ich aus der Presse entnommen, falls sie nicht stimmen sollte, entschuldige ich mich im Voraus: Aydın Alp, Azad Zal, Edip Polat, Eyüp Güven, Felate Dengizi, Hicri İzgören, Hogir Berbir, İsmail Dindar, Lal Laleş, Mehdi Perinçek, Fırat Ceweri, Muharrem Erbey, Sidar Jir, Yavuz Ekinci, Murat Özyaşar, Mehmet Yılmaz, Memirxan, Nihat Özdal, Osman Özçelik, Remziye Arslan, Rizo Xerzi, Rodi Zinar, Şener Özmen, Roşen Rojbin, Sevinç Koçak, Vedat Çetin, Yavuz Ekinci, Zülküf Kışanak. Herzlichen Dank an den Kurdischen Schriftsteller-verband und an PEN Diyarbakır, an die HDP-Abgeordneten, die uns empfangen haben, an die Freunde von der Gewerk-schaft für Bildung und Bildungswerktätige Eğitim Sen und von der Rechtsanwaltskammer, an alle, die einen Beitrag für das Treffen »Ein Satz für Kobanê« geleistet haben – und einen besonderen Dank an Ayşegül und Filiz. Die Sätze derjenigen Schriftsteller, die an dem Tag nicht unter uns sein konnten, hebe ich auf bis zu meinem nächsten Text über meine Ein-drücke von Arin Mirza ...

***

Ein Foto. Suruç, an der Grenze zu Kobanê, Nullpunkt der Grenze. 25. Oktober. Friedenskette. Abenddämmerung. Eine Dunkelheit, die früh einsetzend immer tiefer wird, so als wäre sie nicht in den späten und letzten Stunden des Tages eingebrochen, sondern würde in einer zeitlosen, dem Men-schen eigenen Nacht immer tiefer. Eine Dunkelheit, die nach

148

innen wirkt, im Innern in ihre eigene Tiefe sinkt ... Als wäre
es nicht der müde und traurige Abend der Welt, die gerade
noch eine Umdrehung hinter sich gebracht hat. Die Dämmerung der Welt, die ihre Haut wechselt, sich darauf vorbereitet, aus ihrer Asche und ihren Träumen noch einmal wie-
dergeboren zu werden ... Die kokonartige Dämmerung, in
der sich menschliche Silhouetten abzeichnen, die sich über
das ganze Foto ausbreiten. Menschen, die dem unmittelbar
hinter ihnen stehendem Horizont den Rücken zugewandt
haben, Gesichter und Geschlechter nicht erkennbar, die sich
namenlos ihrer eigenen Grenzen entledigen und zu einem
einzigen Körper verschmelzen ... Wie die Notenreihen einer
Melodie, der jede Stimme von sich selbst etwas gibt, und
die nie vollendet werden kann. In dem Moment haben sie
sich nicht die Hand gegeben, aber sie sind einander so nah,
dass ihre Schicksale sich ineinander verweben, ihre Schatten
und ihre Geschichten sich verknüpfen und in einem anderen Ganzen gemeinsam fließen. Fast alle haben die Arme gen
Himmel erhoben, vielleicht um zu grüßen, in die Ferne, die
Grenzen in der Ferne, ein Ruf, Widerstand gegen die unleugbare Erkenntnis, dass auch dieser Moment wie jeder andere
einmal vergehen wird ... Nach nur fünf oder zehn Minuten
wird auch diese Kette aufgelöst; sie werden in ihre Busse
und Autos steigen und in ihre persönlichen Leben zurückkehren. Jeder auf seiner eigenen Reise, in seinem eigenen
Vergessen. Auf einer endlosen Kastanienfarbe dunkelblaues,
lila- und rubinfarbenes Glitzern und der glimmende Horizont,
der alles Vergehende umarmt ... Die kalten Flammen einer
Explosion in der Tiefe der Erde, einer leidvollen Gärung, die

sich im Himmel spiegeln. Die Silhouette einer Stadt, die nur schwach zwischen den Flammen zu erkennen ist, halb transparent, halb traumhaft. Der Himmel, der die Farben der Erde annimmt, der Erde, die wartet, träumt und wachsen lässt, und Stunden, Menschen, Menschen ... Als würden sie am Tor einer Welt stehen, die alles vervollständigt, in der alles die wahrhaftigste, die tiefste Bedeutung erlangt, und in die Ferne winken, ins Jenseits der entferntesten Grenzen, selbst des Todes.

Ich werde meine Eindrücke über Kobanê, Krieg, Suruç weiter schildern, sofern mir das die anderen Themen erlauben – und eigentlich erlauben sie es nicht. Ich muss einige Fußnoten setzen. Der Titel dieses Textes ist der letzte Satz des Briefes von Suphi Nejat Ağırnaslı, den ich auch an der Grenze gelesen habe. Das Flüchtlingslager Arin Mirkan, von dem ich in meinem letzten Text erzählt habe, wurde nach der zweifachen Mutter Arin Mirkan benannt, die sich mit Sprengstoff umgürtet unter einen Panzer geworfen hatte. Ich muss auch die Namen derjenigen nennen, die nach Suruç mitkommen wollten, aber entweder zu spät davon erfahren hatten oder an dem Tag andere dringende Dinge erledigen mussten: Can Öz, Emrah Serbes, Behçet Çelik, Burhan Sönmez, Sabri Kuşkonmaz, Ece Temelkuran, Özcan Karabulut, Mehmet Efe, der sein Gedicht *Ayni* geschickt hatte ... Aus dem Ausland haben viele Schriftsteller und Dichter ihre Unterstützung bekundet, ihre Grüße, Worte, ihre Gedichte geschickt, schicken sie immer noch. Eugene Schoulgin (Norwegen), Moris Farhi (England), Ingrid Rasch und Brigitte Wallin (Schweden), Tahar Bekri (Tunesien), Cecile Oumhani, Janine Gdalia,

Paul de Brancion (Frankreich), Mona Latif-Ghattas (Ägypten –
Kanada), Marilyn Hacker (USA) und Brigitta Jonsdottir (islän-
dische Abgeordnete). Ich habe noch Platz, um den Satz von
Marilyn Hacker zu zitieren:

»Auch wenn ich selbst nicht kommen kann, ist meine
Seele dort, an der Grenze, bei den mutigen Verteidigern
von Kobanê, im Namen einer Welt, in der kein bewaffneter
Kampf mehr nötig sein wird ...«

Letzten Sonntag wurde im Rahmen von Aktivitäten zur
Vorstellung und Förderung der jüdischen Kultur in der Neve-
Shalom-Synagoge eine Hochzeitsfeier vorgeführt. Die Dan-
kesworte an Recep Tayyip Erdoğan, die am Ende der Feier
im Ha-noten-Gebet ausgesprochen wurden, wurden in
der Presse kritisiert. Allerdings ist das eine Tradition der
Sepharden in der Diaspora und nicht eine Besonderheit dieses Gottesdienstes oder der Türkei.[3]

Aus dem Türkischen von Şebnem Bahadır

---

1. Nach einem Großangriff des IS auf die im kurdischen Autonomiegebiet
   Rodschawa in Syrien gelegene Stadt Kobanê kam es in der Türkei zu
   Protestveranstaltungen, da die türkische Regierung sich weigerte, der
   Stadt militärische Hilfe zu leisten und kurdische Kämpfer aus der Tür-
   kei über die Grenze zu lassen.
2. Seit 1994 treffen sich die sogenannten Samstagsmütter, Mütter von
   Personen, die entweder verschwunden sind oder von »unbekann-
   ten Tätern« ermordet wurden, vor dem Galatasaray-Gymnasium in
   Beyoğlu und protestieren friedlich und schweigend, mit den Fotos der

Verschwundenen in ihren Händen, gegen die Beseitigung politischer Gegner in der Türkei.

3. In dem Ha-noten-Gebet der sephardischen Juden wird der Staatspräsident der Republik Türkei gesegnet. Die Sepharden, die im 15. Jahrhundert aus Spanien fliehen mussten und vom Osmanischen Reich aufgenommen wurden, haben in diesem Gebet ursprünglich ihre Dankbarkeit gegenüber dem Osmanischen Herrscher ausgedrückt.

Ein Text, der nicht fertig wird

In einem Text[1] schrieb ich einmal: »Manche Dinge versteht man nur mit dem Herzen, einem Herzen, in dem Blut fließt«, dann setzte ich einen Punkt, einen Doppelpunkt: »Newroz piroz be!« – Ein frohes Neues Jahr! Eine Woche danach wollte ich an dieser Stelle weiterschreiben und auf Sumer, Babylon und die nahöstliche Mythologie eingehen. Der Kampf zwischen Dunkelheit und Licht, Chaos und Kosmos, Nichts und Sein. Der babylonische Schöpfungsmythos Enuma Elisch, das Lied von den Anfängen. Der Gott Marduk und das Ungeheuer Tiamat. Gut und Böse, Schuld, Sünde und Läuterung. Der grausame König Dehak und Dschamschid, Fereyduūn, Kawa. Unterdrückung und Befreiung. Schlangen, Gewissen ... *Der Tod ist ein Meister aus Deutschland* – in der *Todesfuge*, Celans berühmtestem Gedicht, spielt ein Meister mit Schlangen ...

(Früher sagte man: Das menschliche Herz ist ein Spiegel. Ein Spiegel so alt wie Stein, der nach einem Bild sucht, das er für immer bannen kann. Ein Spiegel, der blind geworden ist, hart wie ein Diamant. Aus demselben Ton geformt, wie das Herz der Welt ...)

Ich hatte vor, zwei Texte zu schreiben, eine Geschichte über die tiefste, älteste und heiligste Suche des Menschen, den anderen als Darstellung über den Mythos der Wiedergeburt.

Das Leben, das nicht mit dem Tod endet, das Schicksal, das sich in die Ewigkeit ausdehnt, das sich restlos ins Kleine und Große ausbreitet und in ihm zerfließt ... Die Vorstellungskraft und Spiritualität des Menschen, die überall und in allem nach der Unendlichkeit suchten, sie erschufen. Nach zwölf Jahren wollte ich noch einmal über das nie erlöschende, stille Feuer des Lebens schreiben. Das Rad, das von den Jahrhunderten, den Jahreszeiten, den Vögeln und den Winden angetrieben wird ... Den einleitenden Teil meines Textes schickte ich mit einer »technisch bedingten« Verzögerung von 24 Stunden ab. Noch am gleichen Tag kam es im Gebäude der Zeitung *Özgür Gündem* zur Durchsuchung, zu Beschlagnahmungen, und zur Schließung. Telefon, SMS, E-Mail-Kontakte ... Ich habe versäumt zu fragen, was aus meinem Text geworden ist ... Ein unheimlicher, tief gehender, unerforschlicher, sehr bohrender Schmerz. Ein Schmerz wie von einem abgetrennten, für immer verlorenen Körperteil, ein Phantomschmerz ...

Jetzt, nach Newroz, an einem regnerischen, düsteren Morgen, zwei Wochen nach diesem Neujahrsfest, bei dem zwei Personen umgebracht, Dutzende verletzt, Hunderte inhaftiert worden sind, frage ich mich, wie ich weitermachen soll. Diese von Bergen umschlossene mitteleuropäische Stadt, diese Stadt, die mir völlig fremd ist, diese Stadt, in der ich eine vorübergehende Zuflucht gefunden habe[2], wie in einer kalten, feuchten Gebärmutter, bereitet sich auf ihre eigene »Wiedergeburtsfeier« vor. Stundenlang läuten die Glocken für das Osterfest, ich fühle noch tieferen Schmerz.

(Vor langer, sehr langer Zeit, in einem nie mehr wiederkehrenden goldenen Zeitalter, als die Unendlichkeit noch nicht auf die Zeit traf und sie anhielt, gab es das Licht. Es gab das Wort. Das Herz, aus dem das Wort kam. Erde und Abbild. Aber keines davon genügte, um die Welt der Menschen zum Keimen zu bringen. Die Götter lernten die Zwietracht zu säen. Es wurde zum ersten Mal gemordet, der Bruder tötete den Bruder. Blut mischte sich mit Wasser, Licht mit Wehgeschrei ... Das noch Ungeborene trennte sich für immer von den Sterbenden, das Wort riss ab vom Herzen, das Abbild vergaß das Gesicht. Zwischen Leben und Tod zog sich, wie ein roter Vorhang, Blut ... Das ist der Grund, aus dem unser Leben immer unvollkommen, immer unvollendet bleiben wird, jeden Tag wird in uns ein Gott einen anderen abschlachten, und jeden Tag werden wir uns selbst erneut erschaffen, aus der Vermählung blutiger Träume.)

Dieser kurze Absatz, den ich wie andere Sätze auch, in Klammern setzte und den ich »Der erste Mord« nannte, ist mindestens sieben Jahre alt. Ich hatte Bedenken, ob ich ihn in den ersten Teil meines Textes einbauen sollte oder nicht. Doch solange man nicht von Blut und Vernichtung erzählt, wird die Geschichte von den Anfängen nicht vollständig, nicht verständlich, nicht lebendig.

(Danach geht plötzlich alles in einer goldenen Flamme auf. Sie erlangt eine solche Helligkeit, wie sie selbst das Tageslicht nicht erreicht, und ein schlichtes, ewiges, makelloses Aussehen, wie aus purem Licht gezeichnet. Als wären die Hüllen der Dinge zerbrochen, und als würden sie nur dies eine Mal den tief in ihnen verborgenen Glanz verströmen. Nun bist du also irgendwie angekommen, im Herzen dieser Welt, in deren Korpus du vor Jahren eingedrungen bist ...

Hast dein Geheimnis ausgegraben. Das Lied, in dem es heißt: all das war nicht SINN-LOS. Aber auch dieses Lied verklingt schnell und löst sich in der Stille auf. Und lässt dich zurück, unten bei den Steinen ... Pures Licht und Unendlichkeit. Siehe da, am Ende hast auch du dich auf dem Bild gefunden! Irgendwo zwischen Himmel und Erde, ein stiller, auch nur so wartender Stein. Wenn der Stein mit seiner Geschichte fertig ist, wirst auch du in deiner eigenen Geschichte einmal gewesen sein.)

Einstweilen begnüge ich mich damit, begnüge mich mit den Glocken einer fremden Stadt, mit unfertigen Texten, mit Worten, die so hohl sind wie ein leeres Saatkorn. Mit purem Licht und Unendlichkeit, einem Herzen, in dem das Blut fließt, das schmerzt, als hätte man ein Körperteil amputiert ... (Wenn das Schicksal es will, werde ich den Newroz-Text in einem Jahr fertig haben!)

Aus dem Türkischen von Angelika Gillitz-Acar und
Angelika Hoch-Hettmann

----

1. »Başlangıç Hikâyesi« (Die Geschichte vom Anfang), *Özgür Gündem*, 24. März 2012.
2. Graz.

Über die Nacht

(Das Klima hat sich verändert, hier herrscht sibirisches Klima!
Tagsüber bewegen sich die Temperaturen um minus zehn,
nachts ... Ich fürchte, sie fallen auf minus zwanzig. Nachdem
ich den Genfer Schnee keine zwei Stunden ertrug, nun, so
fiebernd, krank und des Lebens überdrüssig, wie ich bin, »politisch« schreiben ... Den Stift anspitzen, der Sache vollauf
gerecht werden und sagen: »Das Klima hat sich seit Langem
verändert.« Sätze, Analysen aneinanderreihen, Wege finden,
ein »Hatte ich es nicht gesagt« elegant formulieren. Und das,
nachdem ich den ganzen Tag mit Journalisten und Kritikern
über »Literatur« gesprochen habe. Nachdem ich, so erschöpft
wie ich bin, gezwungen war, stundenlang über Wahrheit und
Fiktion, Ich und die Anderen, Sterblichkeit und Unendlichkeit zu reden! Dabei ist es meist umgekehrt, nachdem ich
den ganzen Tag über »Politik«, das heißt über die Angelegen-
heiten der Türkei, die einer Lösung keinen Millimeter näher
kommen, geredet habe, kehre ich hierher zurück, an mein
Fenster, in meine eigene Nacht. Eine weitere Nacht, um aus
dem Gesicht einer zersplitterten Frau, das sich am vereisten
Fenster abzeichnet, in die Welt hinauszuschauen, ein Mor-
genrot zu erbetteln.)

Schreiben, gegen die Nacht an, gemeinsam mit der

Nacht ... In ihrer Sprache, ihrem Zögern, ihren Wiederholungen ... In ihren durch den Schlaf wandernden Wörtern, ihrem unaufhörlich in ihr kreisenden Gedächtnis. Wo
sie stürzt, in der schwachen Flamme einer Kerze, die noch
im Herzen brennt. Im aus der Ferne herbeigeholten Licht
eines Sterns, der, obwohl längst gestorben, weiterfunkelt.
In die Nacht schauen, sie passt in keinen Blick hinein, die
unendliche Leere in Punkte und Striche der Sprache sper-
ren, sich verästeln und verzweigen in der Dunkelheit, mit
Tausenden kraftlosen Fingern Gegenstände berühren und
deine Schatten ... Dich aus Leibeskräften pechschwarz
einem Ruf öffnen, auf den du nicht antworten konntest,
sich ausfüllen lassen von einer herrenlosen Stimme. Dahin-
schwappen in Wellen, widerhallen in der dröhnenden Finsternis, sich auflösen und zerfließen. Sich stürmisch vorwärts
werfen, einmal dem Gebot des Lichts folgend, einmal dem
der Dunkelheit, an Bildern entlang weiter vorantreiben.
In den Abgrund schauen, den kein Blick je ganz auslotet.
Dein Abbild aus der schroffen Leere kratzen ... Es bleiben
lassen, sich zurückziehen, warten. Gleich einer sich mit
Blut füllenden Gebärmutter. Darauf, dass ein Wort kommt
und dich findet, in dir spricht ... Sich begnügen mit diesem Himmel, dieser Erde, diesem Schweigen. Mit diesem
Schicksal, das sich in einer anderen Welt vollendet, rea-
ler als diese oder phantastischer, das Sinn erhält in einer
anderen Welt, die längst zu Asche zerfallen oder noch
gar nicht geboren ist. Sich zufrieden geben mit Hoffnung,
die nicht länger dauert als Sätze. Vorerst aber warten, auf
etwas, das du Leben nennst, weil du nicht weißt, wie du es

sonst bezeichnen sollst. Wie Bahn um Bahn dein Gesicht auf fleckigen Papieren erscheint, trist und transparent, wie alles, was deins ist, dahinschmilzt, verwischt und auslöscht, wie es auf noch unbeschriebene Seiten fließt ... Sich mischt unter einen neuen Tag, der sich an einem unbestimmten Horizont abzeichnet ... Im eigenen Abbild eine Einsamkeit formen, die du »Welt« nennst. Splitterfasernackt, blutüberströmt, schlammbespritzt. Wie an deinem Anfang. Nun bereiter noch, doch ungewiss, ob zu neuer Geburt oder zum Sterben.

Eine absolut leere, halb phantastische Welt. Schneebedeckte Dächer, eisstarre Bäume, Wege in die Nacht hinaus. Jenseits von allem ein mattes, perlmuttfarbenes, unwirkliches Licht. Eine Lichtschneise in der Dunkelheit, die unvermutet Durchlass gewährt, ein knochenfarbener, funkelnder Riss, Helligkeit, trübselig, als strahlte sie nicht vom Himmel aus, sondern von der Erde. Wie der Widerschein einer Flamme, die in den Tiefen der Erde vor sich hin glimmt. Kalt und gespenstisch wie das über den Schnee spazierende Mondlicht, fahl und starr wie ein von der Zeit beim Rückzug hinterlassener Fleck. Ein zu Kristall geronnener, in der Luft hängender Funken, ein vom Tageslicht abgefallener Tropfen. Ein Licht aus den Tiefen, von tief Drinnen, das manche »Hölle« nennen, hervordringend aus allem Verlorenen oder allem, das noch verloren gehen wird. Vielleicht ist es jenes erste Licht, das alles initiiert, gleich alt wie das Wort, ewig und immer schon da, ohne Ende strömend. Damit die Finsternisse sich äußern können. Vielleicht ist es ein Spiegel, den die Nacht in Händen hält, damit Träume und Tote sich ein letztes Mal anschauen können. Oder es ist nichts weiter als der Bote eines Morgens, das manche »Zukunft« nennen, oder eines Sturms ...

Aus dem Türkischen von Sabine Adatepe

Wenn doch

Früher, ganz früher, im goldenen Zeitalter, das nie wieder zurückkehrt, als die Endlosigkeit noch nicht immer wieder an die Zeit schlug, gab es das Licht. Gab es das Wort. Das Herz, aus dem das Wort kam. Die Erde und das Abbild. Aber all das reichte nicht für das Keimen der Menschenwelt. Die Götter lernten, den Keil zu treiben. Die erste Bluttat geschah, der Brudermord. Das Blut vermischte sich mit dem Wasser, das Licht mit dem Schrei ... Das noch nicht Geborene trennte sich auf ewig vom Toten, das Wort löste sich vom Herzen, wie ein roter Vorhang zog sich das Blut zwischen Leben und Tod ... Darum bleibt unser Leben immer fehlerhaft, unvollendet, jeden Tag wird ein Gott in uns einen anderen erwürgen und jeden Tag werden wir uns selbst aufs Neue erschaffen, aus der Vermählung von Blut und Träumen.

*　*　*

Wir, die Frauen der Stadt, ermordet, durchlöchert, durchsichtig, sehr schmal, haben uns versammelt im Keller des prächtigen Schlosses, das für uns errichtet wurde. Eng aneinandergedrängt, nebeneinander, Schulter an Schulter, Gesicht gegenüber Gesicht. Wie Engel sind wir, die sich nicht von der Stelle bewegen, ihre Flügel flattern, wollen aber einfach nicht aufgehen. Wir sind uns so nah, dass die Träne der einen über das Gesicht der anderen rinnt, lebensfarbene Spuren hinterlässt, sich vermischt mit Wimperntusche, Puder und Schlamm. »Endlich können wir fliegen«, sagen wir alle aus einem Mund. »Wir sind endlich unterwegs ...« Wenn dann der Tag kommt und wir uns zur Rückkehr entschließen, werden unsere Gesichter ausgewischt sein. Werden wir auseinander gehen Strich um Strich, Buchstabe um Buchstabe. Die Worte werden wir füllen und schwärzen, spielen werden wir einen Mythos der Unendlichkeit, wenn wir uns wie Samen in der Wüste zerstreuen und zu Regen werden.

* * *

Eine Person wird ausgesucht. Nur eine Person wird ausgesucht für die Rückkehr. Auf dem so oft schon gebrauchten Kreuz vermischt sich das Blut der Alten mit dem der Jungen. Das dumpfe Holz zieht alles in sich hinein, weil das Land der Bäume sein Gedächtnis ist. Langsam umschlingt es jeden Körper. Rost, der sich in den Adern verbreitet, ist die Einsamkeit, sie kehrt aus den Handgelenken wieder ins Herz zurück.

In der grenzenlosen Kälte der Wüstennacht reihen sich die Toten um ein festliches Feuer. Schweigend wird das Wasser und das Brot des Sandes gereicht. Niemand spricht. Niemand hat Angst. Niemand hofft. Die Sterne gehen unter, einer nach dem anderen, wie Regen, der auf blinde Augen rieselt ... das Licht ist eine Erinnerung, die alle wärmt.

Einzeln dreht diejenige, die ihr Kind sucht, alle Leichen um, schließt ihnen mit einem Klagelied die Augenlider. Tief in uns hinein, in unser Innerstes fließt das Klagelied, fließt in der Stille des Lebens. Unser rostiges Schweigen ist dieses Klagelied, wenn wir zu den Sternen blicken oder wenn wir auf Friedhöfen nach unseren Lieben suchen. Wenn wir Wasser ins Meer schütten, damit die Ertrinkenden es trinken.

*　*　*

Wenn ich doch der Körper bin, in dem die Zeit keimt, das Gedächtnis voller Geheimnisse der Wasser und des ersten Lichts, das sich mit der Dunkelheit vereint, wenn ich doch die Melodie bin, mit der alles begann, der Mutterleib, die Brüste prall gefüllt mit Milch, wenn ich doch die Erde bin, die aus tiefem Schlaf erwacht, warum kann ich dann nicht geboren werden? Wenn ich doch all das bin und auch ich selbst bin, warum gehört mir nichts, was in mir ist, nicht einmal der Schmerz? Wenn es doch Tausende von Jahren gedauert hat, bis ich erschaffen wurde, aus Legenden, Bildern, Begriffen, Sprachen, warum habe ich bis heute kein einziges Wort gefunden, in dem ich sein konnte? Wenn es unter dem Himmel nichts Neues gibt, das gesagt werden kann, das Echo welches Schreis bin ich dann? Welches Schweigens? Wenn ich der Mond sein soll, der endlos stirbt und aufersteht, aus dem Nichts geboren wird und wächst, der das Wasser der Ozeane hinter sich herzieht, wie könnte ich dann die Weiten und die Enden so gut kennen?

Wenn doch meine Kraft für die Hölle reichte ... was war es, das mich besiegte?

***

(Seit einiger Zeit bin ich krank. So krank, dass ich nichts schreiben kann. Weil ich es nicht mag und auch nicht kann, so zu tun, als würde ich etwas schreiben, und irgendwas hinzukritzeln, habe ich Zuflucht in meinen alten Texten, in der Literatur gesucht. Auf der Suche nach dem Wort, in dem ich sein kann. In einer Zeit und einer Region, in der Literatur wertlos ist ... Wenn ich sagen würde, dass ich in den zehn Tagen ohne Fernsehen, Internet, Zeitung, und weit weg von der ansteckenden Aggressivität der Kolumnen, »geläutert« wurde, dass ich mich der Wahrheit genähert habe, indem ich nur Dostojewski gelesen habe ... meiner eigenen Wahrheit. Die irgendwo zwischen dem Gesagten und dem Verschwiegenen, dem Gelebten und dem Ungelebten, dem Verlorenen und dem Nochzuverlierenden wartet. Deren Schicksal es ist, jeden Moment in Flammen aufzugehen, voll Rauch, gemauert aus Licht und Dunkelheit, Schatten und Träumen. Aber wer braucht in Zeiten des Krieges schon die Wahrheit. Wer?)

Aus dem Türkischen von Şebnem Bahadır

Verschwundene, Verlorene

Texte, die zunächst persönlich wirken, um sich dann ins Allgemeine zu öffnen: In den letzten beiden Wochen bin ich so heftig von den Protesten vor den Gerichten auf ein norwegisches Literaturfestival und wieder zurück geschleudert worden, dass ich diesem Ziel wahrlich nicht näher gekommen bin. Bei all der Schleuderei konnte ich nicht am 16. Jahrestag der Samstagsmütter teilnehmen, an deren Aktionen ich mich in den Neunzigerjahren regelmäßig beteiligt und über die ich oft geschrieben habe. Ich erinnere mich insbesondere an einen Schweigemarsch der Frauen, bei dem wir Richtung Galatasaray ziehen wollten und an jeder Straßenecke zwei oder drei von uns verhaftet wurden. Das Menschengewimmel von Beyoğlu ignorierte uns herablassend, und manche Blicke waren unverwandt hasserfüllt. Die Frauen reckten ihre Handschellen in die Luft. Ohne ein einziges Mal zu schreien oder Parolen zu rufen, schritten sie in stiller Würde voran. Ihr Leid konnte man beinahe mit Händen greifen, ihr Widerstand hatte jede Form von Angst hinter sich gelassen (ich hingegen spürte sie bis ins Mark, diese durch willkürliche Gewaltmaßnahmen erzeugte bodenlose Angst, die weit über die Angst vor Schlägen, vor Tritten, vor Beleidigungen hinausgeht), sie waren zutiefst verbunden ... dieser einen, einzigen Person, die sie liebten, und dem Leben, das sie ohne sie führen mussten ... Eine Widerständigkeit, die auch die Jahrzehnte nicht aushöhlen. In einer Welt der Sieger und Besiegten verstehen insbesondere Frauen etwas von dieser Form des Widerstands, besonders Frauen vermögen sie zu vermitteln. Frauen, die über Stock und Stein gehend die Leichname ihrer Kinder suchen, meistens entstellte, zerfetzte, verbrannte, grausam zerfolterte Leichname. Als ich von ihrem Aufschrei las und wie sie sagten: Wir würden uns schon mit einem Fingernagel zufriedengeben ... da musste ich noch einmal darüber nachdenken, aus der Mitte des Schrecklichen heraus zu schreiben. Im Wesentlichen ist Literatur ein Versuch der Auseinandersetzung und der Aussöhnung. Wenn aber die Gewalt uneingeschränkt herrscht, welche Aussöhnung kann da schon gelingen?

Eine »verschwundene« oder »verlorene« Person. Mit ihr sind nicht nur die schönsten und bedeutungsvollsten Jahre meines Lebens verschwunden oder verloren, sondern das Licht, die Farben, die Sonnenaufgänge, die letzten Hoffnungen auf Glück. Anlässlich der vergangenen *Woche der Verschwundenen*[1] habe ich aus meinen alten Artikeln und dem Erzählband *Das Steinhaus* Passagen ausgewählt.

***

Habt ihr je zuschauen müssen, wie ein Mensch, den ihr sehr liebt, sich auf den Weg macht, um nie wieder zurückzukehren? Auch jener Morgen ist wie jeder andere. Wieder hat er oder sie das Frühstück ausgelassen und auf nüchternen Magen eine Zigarette angezündet. Ist genervt, wie immer morgens. Hat den Schal zu Hause vergessen. War er an jenem Morgen angespannter als sonst, oder kam dir das nur im Nachhinein so vor, wenn du drüber nachdachtest? Kam es nur dir so vor, wenn du jenen Morgen im Gedächtnis Tausende von Malen durchgingst? Wenn du das nur gewusst hättest ... Anstelle des oberflächlichen Abschieds hättest du ihn noch einmal an dich gedrückt. An dich gedrückt und nicht wieder losgelassen. Mit sämtlichen Bändern der Welt hättest du ihn an dich gebunden, mit sämtlichen Abhängigkeiten, Versprechungen, Schwüren. Du hättest, wenn es hätte sein müssen, die Welt angehalten, nur um ihn daran zu hindern, aus der Türe zu gehen. Wenn du das nur gewusst hättest ...

Hast du je auf einen Menschen gewartet, von dem du nicht weißt, was mit ihm geschehen ist? Stundenlang, tagelang, ohne vom Telefon wegzugehen, mit leeren Hoffnungen jedes Mal, wenn es klingelt, schon gepackt von furchtbaren Zweifeln. Jede Sekunde reißt sich schmerzhaft von deinem Herzen und stürzt zu Boden, sie scheint zu zerschellen. Dem Rauschen der Stunden kannst du nicht standhalten, die Wände stürzen auf dich nieder. Bei jedem Schritt lebst du auf und hältst den Atem an. Es war nur der Nachbar.

Die Straßen wie ausgeleert. Die Welt ist mit einem enormen Klagelied überzogen, doch nur deine Ohren können es wahrnehmen. Es muss doch eine Spur geben irgendwo, unbedingt. Deine Augen scannen die Zeitungen, die Gärten, die Keller, die Busfenster ab. Du schaust an jedem einzelnen Baum hinauf, vielleicht hat er mit dem Messer ein Hoffnungszeichen eingeritzt. Bei einem bekannten Mantel hüpft das Herz.

Vielleicht hast du das nicht erlebt, aber du erinnerst dich an so etwas. Du bist sechs Jahre alt und niemand kann verstehen, warum du wegen eines Katzenbabys so unglaublich traurig bist. Das Licht deiner Augen ist erloschen, dein Lächeln wirkt zum ersten Mal in deinem Leben aufgesetzt. Tagelang suchst du nach ihm, erst im Garten, dann auf der Straße, dann in sich immer weitenden Kreisen in der Nachbarschaft. Es wird dir versprochen, dass du ein neues Katzenbaby bekommst. Deine Mutter spinnt eine Geschichte zusammen, an die du zu gerne glauben würdest, sie nennt diesen Ort Himmel. Aber du bist ein Kind, du bist eben egoistisch und willst, dass das Katzenbaby bei dir ist.

Eines Abends starren deine Augen ausdruckslos in die Gegend. Deine Mutter erzählt wieder die gleiche Geschichte. Du beißt dir auf die Lippen und bist still. Du hast die Katze gefunden und heimlich beerdigt. Das ist dein allererstes Geheimnis. Dein erster Verlust. Deine erste Tragödie.

Ist schon mal einer deiner Söhne ermordet worden?

***

Dein Kopf war vornübergefallen. Zwei feuchte, einsame Sterne an einem hinter Geäst verborgenen Firmament waren deine Augen. Die hast du bei mir vergessen. Einzeln, behutsam schob ich die Äste auseinander, tage-, nächtelang, jahrelang schob ich sie auseinander. Als ich fertig war, warst du schon längst weg.

***

Einmal liebte ich jemanden. Die Vögel sprachen mit ihm. Ob ich die beiden nassen Tauben fragen soll, die sich auf den Fenstersims geflüchtet haben: Wo ist er jetzt? Sagt dann die eine: »In meinem Kröpfchen« und die andre: »In meinem Schwänzchen«? Und wird dann die eine die andre und beide zu gar keiner? Wenn ich frage: »Sagt mir, wo ist sein Grab?« ... »In meinen Flügeln, in meinen Flügeln ...«

Aus dem Türkischen von Oliver Kontny

---

1. Seit 1981 folgen weltweit Angehörige von Verschwundenen der lateinamerikanischen Initiative, in der letzten Maiwoche die *International Week of the Disappeared* zu begehen.

Parenthese

Regen. Ungestümer, warmer und sanfter Juliregen. Kurzlebig.
Das matte traurige Gesicht des Himmels, das ich vom Dach-
fenster aus sehe. Die Wolken hängen tief, die Stadt ist in Farben gehüllt, die ihr der Winter überlassen hat. In diesem fah-
len Licht zieht sich der Tag viel zu lange hin, wie ein Tunnel.

Unentschlossen warte ich ab. Am Fenster, wo ich immer
sitze, in dem Land, in das ich hineingeboren wurde. So lausche ich mehr meiner inneren Stimme als den Stimmen von
draußen. Der unendliche Himmel ist perlmuttweiß, perlweiß,
tränenweiß. Mit halb geschlossenen Lidern phantasiert er
weiter. Es ist, als kehrte jeden Sommermorgen der immer
gleiche Regen wieder. Und auch mir bleibt nichts weiter, als
vor demselben Fenster zu verharren, zu warten, derselben
Stille zu lauschen. Dieselben Einbahnstraßen der Erinnerung
abzuschreiten. Sogar der Marktplatz ist heute stiller als sonst.
Auch das Rufen eines Kindes, das ein paar Mal kaltes Wasser
anpreist, verfliegt schnell wieder. Nur die Vögel zwitschern
fröhlich und unbeirrt weiter. Zwischen den Gräbern hindurch
geht ein gebrechlicher alter Mann mit Stock hinunter in die
Senke, wo früher einmal ein Bachlauf war.

Ich bin an meinem Platz, in ebendiesem Land, in das
ich hineingeboren wurde, bin unter demselben Himmel,

demselben Regen, demselben Dach und lausche gespannt. Lausche den Stimmen einer fernen Stadt, die ich zuvor nicht hören konnte. Verfolge ihre Stimmen, Hoffnungen, Mahnungen, Signale ... Als würde ich auf einem Flur warten, der sich zu völlig leeren Zimmern hin öffnet. Zwischen vertrauten Bildern, abgeschmackten Gefühlen, zerfledderten Erinnerungen, Erlebnissen, welche in Mark und Bein eingedrungen sind ... Zwischen meinen in einer heimlichen Ecke versteckten Sätzen, meinen Abschieden, meinen Tränen. Ich warte darauf, diesem Geheule Wort für Wort eine Geschichte abzuringen. Doch von all den Geschichten, die ich in mir trage, lässt sich heute keine blicken. Sie will sich nicht melden, keinen scharf umrissenen Kreis zeichnen, keinen Satz ausformulieren, kein Schicksal schultern. Sie will keine Geschichte sein, die sich mit Worten vereinigt.

(Manchmal jedoch quillt das Innere des Menschen förmlich über. Und bricht es erst einmal aus ihm heraus, dann könnte der Mensch tagelang reden, von einem Thema zum anderen schweifen, jammern, nörgeln, sich über sich selbst lustig machen. Ihr könnt nicht feststellen, ob es sich um ein Delirium handelt, eine plötzliche, scharfsinnige Erleuchtung, eine verspätete Entgegnung oder ein für immer aufgeschobenes Gespräch. Macht er sich aber ans Schreiben, erkennt er, dass sein Bewusstsein schrumpft und verdorrt ist, dass er nicht über Wiederholungen hinauskommt und es in seiner Unentschlossenheit nicht schafft, seinen Prädikaten eine Zeit, seinen Sätzen ein Subjekt zu geben. Als wäre keine einzige Wahrheit mehr übrig geblieben, die er sich selbst zuflüstern, die er sich nicht einmal mehr im Traum zuflüstern könnte.)

Tode, Morde, Verluste ... Vielleicht können manche Dinge durch nichts als sich selbst erzählt werden. Sie in Sätze zu gießen, bildet ein Stück Geschichte, nicht mehr. Auch das ist ein legitimer Grund zum Schreiben, selbst das Bestreben, sich ein Stück ganz persönliche Geschichte zu schaffen, ist ausreichend sinnvoll. Aber es ist ja so, wenn ein Mensch sich entblößt, um zu erzählen ... dann ist er splitternackt, gehäutet in der Wüste der Worte.

(An einem anderen Sonntag, in einer anderen Stadt, in einem anderen Regen von einem anderen Sonntag zu erzählen, an dem ich viel geweint habe ... Von Exil, Verlust, Maraş ... Manchmal ist der Mensch unfähig zu erzählen, nicht weil er nicht gefühlvoll genug ist, sondern weil er nicht gefühllos genug ist. Weil er die vollständige und genaue Distanz nicht abwägen kann ... weil er nicht durch das Blut eines anderen gehen kann.)

Ich harre am offenen Fenster aus, an der unscharfen Grenze zwischen dem Gesagten und dem Unaussprechlichen, zwischen Gestern und Jetzt, zwischen mir und dem anderen. Mit meinen urplötzlich anschwellenden Ängsten, meinen abgelagerten, bitter gewordenen Gefühlen und mit nach Zigaretten stinkenden Fingern erflehe ich ein Wort von der Schweigsamkeit der Welt. Die Wolken ziehen auf, die Vögel flüchten sich auf Dächer, unter Simse, an Fenster.

Das Zimmer ist erfüllt vom Rauschen des Regens.

Aus dem Türkischen von Angelika Gillitz-Acar und Angelika Hoch-Hettmann

173

Erster Text, erstes Schweigen

Jenseits eines bestimmten Punktes
gibt es kein Zurück mehr.
Das ist der Punkt, den es zu erreichen gilt.
Franz Kafka

Im Jahre 1997 beginnt eine Frau, die nur noch 47 Kilo wiegt, ihren Roman mit diesem Zitat und bereitet sich darauf vor, zu schreiben und zu sterben. Die darauffolgenden fünfzehn Jahre, fünfzehn Jahre im Dazwischen, mit denen sie gar nicht gerechnet hatte, lehren sie immer wieder, dass das Schreiben oder das Erzählen eine Reise in die Freiheit wie auch in die Gefangenheit ist, und dass es sie, den einen Menschen oder auch die tausend in ihr nicht nur nicht vor dem Schicksal des Todes retten kann, sondern sie auch zum Leben verurteilt. So als würde es sich über sie lustig machen, immer wieder, jedes Mal mit einer anderen Methode, mit Lügen und Fallen. Zum Leben, zu allem, was mit dem Tod verloren wird, verurteilt zu sein … Zu diesem Monster namens Alltag, zum Egoismus und zum Opportunismus der Menschen, zu den Ängsten, die sie auf so viele Arten und Weisen zu verheimlichen versuchen … Verurteilt zum Nichtaushaltenkönnen der conditio humana, mit der wir nur zurande kommen, in dem wir uns Tausende von Identitäten zulegen, verurteilt zu den tausend Gesichtern, zu dem unsagbaren, überquellenden Prunk dieses menschlichen Zustands. Sie war gerade aus Brasilien zurückgekehrt, musste ständig frieren, war so schmal und verwundbar. War es die Unmöglichkeit der Rückkehr, die den Menschen so wehrlos machte, sie wusste es nicht. Als wäre da eine drängende Stimme, die darauf wartete, einen Körper zu finden und die in Worte gegossen werden wollte. Immer der Ruf in die Ferne in meinem Namen, nein, der Ruf, der die Ferne verspricht ... (Ich habe mich beim Anblick des Porträts, das mir Mehmet Boğatekin[1] aus dem Gefängnis geschickt hatte, daran erinnert. Ich habe mich gewundert, wie diese schmale Frau es wohl spürte, dass sie immer von hinten, nicht einmal in den Rücken, sondern genau am Nacken, an der Wirbelsäule getroffen werden würde. Vielleicht ist es eine Fußnote der Menschheitsgeschichte, von hinten getroffen zu werden ... Meist vergessen wir, dass jener Pfeil, der aus den Wolken kommt und das Blut in Worte, Bilder und Träume umwandelt, verschossen wird, damit wir lieben, noch mehr lieben können ...).

Über das Jahr 1993, das Jahr, das ich in Istanbul mit den Schwarzafrikanern verbrachte (ich bedanke mich bei der Zeitung für diese Bezeichnung, ich hatte es nicht geschafft, einen literarischen Ausdruck zu finden, der nicht nach Rassismus roch), konnte ich in keiner Kolumne schreiben. Wie oft habe ich es versucht. Zu passenden und auch unpassenden Gelegenheiten und Zeiten ... Immer war es entweder zu trocken oder wie wenn ein Pfropfen aus dem Herzen gezogen worden wäre. Erniedrigung, Beleidigung, Prügel, Belästigung, Vergewaltigung. Einsamkeit, Verzweiflung, an einem Ort völlig allein zu sein, an den niemand kommt, kommen wird ... Eine Angst, die mit Einbruch der Dunkelheit unerträglich wird und in der Nacht zehnmal, zwanzigmal aufschrecken lässt. Die Schuld, die mit jedem Schritt in die Unschuld eindringt, die ohnehin von allen als wertlos betrachtet wird: die Schuld des Überlebenden, der aus Zufall oder aus Gnade, wie ein Wunder oder mit Unterstützung, als Privileg oder aus einem Schweigen heraus am Leben bleibt. Wenn Jahre danach, vielleicht zu einer ungünstigen Gelegenheit, vielleicht zu einer unpassenden Zeit, eine Erinnerung aus den Tausenden ineinander verwobenen, diejenige, die am leichtesten auszusprechen ist, die in ein paar Sätze hineingepresst werden kann, erzählt wird, das heißt, wenn du die Erinnerung fließen lässt wie aus einem überquellenden Brunnen ... Mit starrem Blick, indem du dich an deinem Mut festklammerst, den du noch am Zipfel fassen kannst, indem du die Tränen zurückhältst – weil das einzig Heldenhafte, von dem die anderen behaupten, du würdest dich damit rühmen, nur das ist: nicht zu weinen. Zwischen Wortwänden, die wie Wege hochschießen, wenn du im Schmerz untergehst, langsam ... Taucht das Urteil früher oder später auf, herrscherisch, bedingungslos, unerschütterlich: In der Türkei gibt es keinen Rassismus, gab es nie Rassismus, und aus diesen und jenen Gründen wird es ihn auch nie geben ... Früher oder später wird das Urteil gefällt, endgültig, und das wahre Exil beginnt. Das Exil, das den Menschen aus seiner eigenen Geschichte, die nicht einmal von der Realität in Schutz genommen wird, hinauswirft.

Als ich sagte, dass es die größte Grausamkeit ist, wenn ein Mensch dem anderen sogar seine Traumata stiehlt, sprach ich aus persönlicher Erfahrung. Inmitten der Begrenztheit dieser Erfahrung versuche ich die Armenier zu verstehen, die Armenier, von denen wir seit einem Jahrhundert behaupten, schreierisch, auf Transparenten, unter Beleidigungen und Schüssen, sie seien auf diesem Stück Erde nicht massakriert worden ... Oder die Kurden, von denen wir zunächst behaupteten, sie würden gar nicht existieren, und denen wir nun, wenn sie denn doch weiter auf diesem Stück Erde existieren wollen, mitteilen, dass sie nur zu unseren Bedingungen und nach unseren Definitionen weiterleben können ... Und am meisten geben unsere Reaktionen, unsere Lügen und unsere Massaker preis. Wenn jemand an einer Protestkundgebung teilnimmt, fordert die Staatsanwaltschaft sechs Mal lebenslänglich, wer nicht daran teilnimmt, bekommt elf Jahre. (Das ist die ermäßigte »Strafe« in diesem Land, die für das Tragen eines Kurdenschals verhängt wird!) Die Angehörigen derjenigen, die von F16-Jägern abgeschossen wurden, werden wegen »versuchten Mordes« festgenommen, diejenigen, die über Kinder berichten, die in Gefängnissen vergewaltigt werden, nimmt man wegen »Propaganda« fest.

Im Jahre 93 hatte ich meinen ersten Essay geschrieben und an Zeitungen verschickt: »Wer ist der eigentliche Menschenfresser?« Dieser Text über Rassismus, Nation, Klassenbeziehungen und das Bild des Schwarzen in der türkischen Presse blieb bis heute unveröffentlicht. Er war zu lang und gegen Ende, in dem Teil, in dem ich von den Lagern erzählte, wurde er zu emotional. Im Herbst 1993 wurden die afrikanischen Migranten von der Polizei gewaltsam aus ihren Häusern vertrieben, in den Osten verschleppt und zunächst in Sivas Kangal, später in

Silopi in Lager eingesperrt, mit Gewalt zu Flüchtlingen gemacht. Natürlich war dies für unsere Presse, die über Polizeirazzien mit Verdacht auf Drogen bei jeder Gelegenheit in Form von Schlagzeilen berichteten, keine Nachricht wert. (Mit Ausnahme der Nachricht, der Monate später in *Panorama* erschien.) Im Lager von Silopi entstand eine Auseinandersetzung wegen eines Zeltplatzes. Panzer überfuhren den Sprecher der Afrikaner, die sich weigerten, ihre Zelte abbrechen zu lassen.

Als ich anfing, meinen ersten Text zu schreiben, der unveröffentlicht blieb, lebte dieser junge Sudanese noch ... Keiner hat sich bis zu diesem Tag dafür interessiert, ob er noch am Leben ist, ob er wohlauf ist. Mit Ausnahme der »kurdischen Presse« hat sich auch keiner dafür interessiert, dass ich Zeuge dieser Ereignisse war. Neue Morde, neue Massaker, andere, ganz andere Schlagzeilen ... Im letzten Sommer hatte ich in einer Schlagzeile gelesen, dass neue Panzer gekauft wurden, Panzer, auf die Maschinengewehre montiert werden können ... Wir werden also noch einige Berichte darüber lesen, dass diejenigen, die unter Panzerrädern zermalmt werden, gar nicht so unschuldig seien. Und was ihre Geschichten angeht – warum sollen wir denn einer Geschichte zuhören, für die wir uns doch gar nicht interessieren?

Aus dem Türkischen von Şebnem Bahadır

---

1. Türkischer Karikaturist.

So haben wir denn Abschied genommen

Ein sonderbarer Morgen. Klar und rein wie Wasser. Doch flau. Zu dunkel für einen Junimorgen. Ohne Hoffnung, ohne Erwartung. Als hätte sich der Tag gemütlich, ohne angebrochen zu sein, ganz plötzlich hier unter uns, in der Welt der Menschen eingefunden. Trotz aller Lichtfülle wie von nächtlicher Dunkelheit sedimentiert, seine Kraft schon gebrochen. Als bliebe ihm nichts, als auf eine neue Nacht zu warten. Von Anbeginn an verloren.

Ein Halbsatz: An einem solchen Morgen setze ich mich an die seit Tagen unvollendeten »Wahren Tode«. Muss er weitergehen? Seit Wochen ziehe ich Kreise um diesen Halbsatz: »Wir sind wahre Tode gestorben«, der, auch wenn vor einem halben Jahrhundert geschrieben, wie aus uralten Zeiten herüberruft. Ein unbeantworteter Ruf, ein Text wie ein langer, ein ellenlanger Abschiedsbrief. Ein Text, gezwungen, mit den Wahrheiten von Leben und Tod auch ihre Lügen aufzunehmen. Woher die Kraft nehmen, ihn zu beenden?

Ein kurzes, schlichtes Gedicht: *Wir können nicht um Abschiede trauern. Dazu fehlen uns die Zeit und auch die Tränen. Wir kennen nicht einmal den Augenblick des Abschieds. Unvermutet stehen wir in Tränen aufgelöst da. So haben wir denn Abschied genommen.*

(Das ist mein Versuch, ein Gedicht von Taha Muhammad Ali[1], das er in einem palästinensischen Flüchtlingscamp schrieb, in eigenwilliger Interpretation aus dem Englischen zu übertragen.)

An einem reinen, stillen, flauen, erwartungslosen Morgen sich ans Schreiben machen. Über den Tod, über die Weltpolitik. Analysieren, beobachten, sich Gedanken machen. Von Gewalt sprechen, von Leid, von Verbrechen. Von Krieg reden, von Frieden, von Gerechtigkeit ...

Sätze aneinanderreihen. Sich Mördern stellen, Opfern Sprache verleihen. Von einer Dunkelheit in die andere schauen, aufbrechen in einen weiteren Kreis der Hölle. Schreiben über die Tode auf der Tagesordnung statt über die verdrängten.

Dabei muss man, um vom Leben eines einzelnen Menschen zu reden, von einer großen Welt erzählen. Eine weite Welt verlieren. Erzählen von einem einzigen Tod ... Eine von Anbeginn an verlorene Welt.

Ein Anruf: Am Montagmorgen erfahre ich durch einen Anruf aus dem Ausland von dem brutalen Überfall auf ein Hilfsschiff.[2] Anfrage, ob ich innerhalb von zwei Tagen einen Text dazu schreiben könnte, auf Englisch, über das, was ich empfinde.

»Wir sind nicht überrascht«, sage ich. »Das ist das Furchtbare daran. So entsetzt wir sind, überrascht ist niemand von uns.«

Ein paar Schwarz-Weiß-Fotos[3]: das Meer. Tausende Menschen laufen zum Meer. Wer schon knietief im Wasser steht, wird von der nachdrängenden Menge weitergetrieben. Einer trägt eine mächtige Kiste auf der Schulter, müht sich ab, das Gleichgewicht zu halten, die freie Hand wie um Hilfe bittend in die Luft gereckt. Einem anderen, Lasten auf beiden Schultern, steht Kummer ins Gesicht geschrieben. Der Mann ganz vorn trägt seinen alten Vater auf den Schultern, den rechten Arm erhoben, halten sie sich bei den Händen. Ein Kind, allein, die bis zum Knie hochgekrempelte Hose klatschnass, auf dem Kopf eine Wollmütze, die Lippen verkniffen, die Zähne zusammengebissen, schaut es in die Ferne. Erst meint man, es weine, doch es weint nicht, vielleicht rinnen ihm die Tränen nach innen. Es schaut zum fernen Horizont, zu einem blinden Punkt am Horizont. Ohne zu sehen. Wie um Abschied zu nehmen ... Wohin sie schauen, wohin sie laufen, wohin sie flüchten, ist das Meer. Das offene Meer.

»Die meisten der vor dem schweren Bombardement fliehenden Palästinenser ertranken«, steht unter der Fotografie von 1948. Das Meer teilt sich nicht, zur Legende werden sie nicht, die ins Meer gehenden Palästinenser, nur zu einer Dokumentation.[4]

Auf einem anderen Foto sehen wir ein Flüchtlingslager. Ein Wintermorgen, eine Frau zwischen dicht gedrängten Zelten schlurft barfuß durch den Schlamm. Als schleife sie eine tonnenschwere Vergangenheit hinter sich her. Oder werde von dieser Vergangenheit nach hinten gezogen, ins Unsichtbare gezerrt.

Ein Park in der Nähe von Haifa, Palmen, große Schachfiguren verbergen, dass hier einst ein Massaker stattfand.

Auf einem anderen Foto legt ein Schiff im Hafen an, es bringt Tausende Auswanderer aus Europa, begeistert wird es begrüßt. Erst wenige Jahre zuvor waren Schiffe voller Juden auf der Flucht vor dem Völkermord versenkt worden.

Opfer und Mörder, die einander weder sehen noch hören, sich aber leicht ineinander verwandeln. Unsere uralte Geschichte.

Düster, beständig wie keine andere.

Schon ist der Tag, dessen Anbruch ich verpasste, halb herum. Ich schalte die seit Stunden brennende Nachtlampe aus, schließe mein Telefon zum Aufladen an.

* * *

Ein sonderbarer Morgen. Tiefdunkel. Flau. Erwartungslos. Als hätte der Tag gemütlich, ohne an- und aufgebrochen zu sein, sich unvermutet hier bei uns, in der Welt der Menschen, eingefunden. Sedimentiert mit Dunkelheit, von der Nacht hinterlassen, Strich um Strich mit Wellenspuren vom Sturm ... Vom ersten Augenblick an erschöpft, als wollte er so schnell wie möglich die Augen schließen und von einer anderen Nacht träumen.

So haben wir denn Abschied genommen, hatte Taha Muhammad Ali in einem palästinensischen Flüchtlingscamp geschrieben. *Wir können nicht um Abschiede trauern. Dazu fehlen uns die Zeit und auch die Tränen. Wir kennen nicht einmal den Augenblick des Abschieds. Unvermutet stehen wir in Tränen aufgelöst da. So haben wir denn Abschied genommen.* Ein langer, ein ellenlanger Abschiedsbrief ist alles, was wir schreiben, dazu verdammt, ohne Antwort zu bleiben. Mal an die Toten gerichtet, mal an das Leben selbst ...

Beim Schreiben scheint der Morgen sonderbarer zu werden. Er schließt die Augen, verkriecht sich nach innen, bildet eine Kruste. Füllt sich mit aschfarbenem Licht. Verliert Stunde um Stunde in dichter Stille. Farben und Bilder fließen ineinander, verwischen. Lampen brennen, rufen Schatten zurück. Der Schein einer immensen Stille umgibt die Wörter. Einen Schritt vor und einen zurück, in ein und derselben Sekunde wandert der Minutenzeiger hin und her. Der neue Tag verwandelt sich in aschfarbenes Erwachen, noch vor der Dämmerung.

Ein Foto: das Meer. Palästinenser laufen zum Meer, Tausende, Zehntausende, am Ufer angekommen, hieven sie ihre Lasten – Kisten, Bündel, Greise – auf die Schultern, krempeln die Hosen hoch und gehen ins Wasser. Ein Kind, allein, etwa zwölf, mit Wollmütze, klatschnass, schaut in die Ferne, auf einen blinden Punkt am Horizont. Die Zähne zusammengebissen, die Lippen verkniffen. Als weine es. Doch es weint nicht, es nimmt Abschied. Nicht vom Land, sondern vom Meer, nicht von der Vergangenheit, von der Zukunft scheint es Abschied zu nehmen.

Sie laufen zu den Booten, auf die Fischerboote zu, suchen Schutz, fliehen. Wohin sie schauen, wohin sie Zuflucht nehmen, ist das Meer. Das offene Meer. Der Tod evakuiert die Ufer des Meeres, von dem sie Abschied nehmen. »Die meisten der vor dem schweren Bombardement fliehenden Palästinenser ertranken«, steht unter der Schwarz-Weiß-Fotografie von 1948.

Eine kurze, schlichte Geschichte: Drei Kinder mit bloßen Füßen, in der Gasse Esperanza (Hoffnung) verbergen sie sich in einem Haus, die Polizei schnappt sie und bringt sie auf dem Marktplatz um. »Bitte, versteckt uns, die Gewalt ist uns auf den Fersen«, hatten sie den Hausherrn angefleht.

Was mir wehtut bei dieser wahren Geschichte, die ich dem Buch Guillermo Cabrera Infantes über Kuba entnahm, ist, dass die drei Strolche ihren Mörder genau benennen können: Gewalt.

Unsere uralte Geschichte, die beständigste von allen. In den Konzentrationslagern nannte man Knüppel und Stöcke »Dolmetscher«. Weil sie die Sprachen aller sprechen. Das Opfer, das sich in seinen Mörder verwandelt. Unsere düstere, zerfetzte Geschichte.

Wenn wir alle die Gewalt so gut kennen, wie kommt es dann, dass wir häufig außerstande sind, Unterdrückung und Unterdrückte zu sehen? Warum kehren wir ständig zur Kriegsrhetorik zurück, die Tote in Sieger und Besiegte trennt? Warum sind der Mörder und das Opfer in uns unfähig, miteinander zu reden?

Die Vögel fliegen tiefer. Jäh frischt der Wind auf und trägt von Ferne Meeresgeruch heran. Möwengekreisch. Ein Flügelschlag. Ein Klavier spielt wieder und wieder dieselbe Melodie. Lärm vom Markt, wo die Stände aufgebaut werden. Regen setzt ein, die Geräusche ertrinken. Als schlösse der Himmel sich weinend der Welt der Menschen an. Unseren Verbrechen, unseren ungeschickt konstruierten, unvollendeten Geschichten. Mischt sich Tropfen um Tropfen der Erde bei, der Trauer …

Längst ist er halb herum, der Tag, dessen Anbruch ich verpasst habe. Es gibt keine Auszeichnung, keinen Trost mehr dafür, die Nacht überstanden zu haben. Gegenstände haben ihre letzte, absolute Form erhalten, die Erde ist erfüllt von Farbe, Licht und Sinn. Das Tageslicht ist nun unleugbare Tatsache, ein neues, fremdes Land, ein nagelneues Exil. Lösen muss ich mich aus diesem verschatteten Gemütszustand, aus der Existenz, linienförmig gleich einer Spur, einem Indiz der Dunkelheit. Muss aus Wörtern, die eine Sturmnacht überstanden, eine Welt errichten. Eine Welt, die vollkommen wird, indem jeder Blick etwas von sich in sie hineingibt. Die fertig wird mit ersten und letzten Blicken, mit Erzähltem ebenso wie mit nicht Erzähltem, mit Melodien, mit Abschieden …

Die Melodie eines Klaviers. Das Meer, vom Wind getragen und hergebracht. Möwengekreisch. Ein schlagender Flügel. Der Duft von Regen, Licht und aschfarbenes Erwachen. Die Welt, von selbst aufgezogen, im Voraus abgenutzt und alt geworden an diesem von Anbeginn an verlorenen Tag.

Licht, Erwachen ins Leben.

Aus dem Türkischen von Sabine Adatepe

---

1. Taha Muhammad Ali (1931–2011): palästinensischer Dichter.
2. Israelische Elitesoldaten hatten im Mai 2010 das türkische Hilfsschiff »Mavi Marmara« geentert und neun pro-palästinensische Aktivisten getötet und mehr als vierzig verletzt. Die Organisation »Free Gaza« hatte mit insgesamt sieben Hilfsschiffen versucht, die von Israel verhängte Seeblockade vor dem Gazastreifen zu brechen. Mit der »Mavi Marmara« reisten 581 Aktivisten, etwa 400 davon türkische Staatsbürger.

3. Nach der Staatsgründung Israels im Jahr 1948 machte der Palästina-
   krieg etwa 700 000 Palästinenser zu Flüchtlingen, sie flohen in die Nach-
   barstaaten. Die Palästinenser sprechen hierbei von der *Nakba* - der
   Katastrophe.
4. Die erwähnten Fotos und das Gedicht stammen aus Ilan Pappes Buch
   »Die ethnische Säuberung Palästinas«. (Anmerkung der Autorin)

Zur Autorin

Aslı Erdoğan, geboren 1967 in Istanbul, studierte Informatik und Physik an der Bosporus-Universität in ihrer Heimatstadt. Von 1991 bis 1993 arbeitete sie als Physikerin am CERN, der Europäischen Organisation für Kernforschung, in der Schweiz. Gleichzeitig schrieb sie literarische Texte, für die sie 1990 den viel beachteten Yunus-Nadi-Preis gewann. Ein Aufenthalt in Rio de Janeiro inspirierte sie zu *Die Stadt mit der roten Pelerine*, dem Roman, der sie in Europa bekannt machte. Er liegt wie *Der wundersame Mandarin* im Unionsverlag vor. 2010 erhielt Aslı Erdoğan für ihren Roman *Taş Bina (Das Steinhaus)* den Sait-Faik-Preis, den bedeutendsten Literaturpreis der Türkei.

Aslı Erdoğan erkundet in ihren Werken stets das Fremde, das Andere vor dem Hintergrund der türkischen Gesellschaft und der globalen Entwicklungen. In ihren Romanen setzt sie sich mit Erfahrungen wie Leid, Einsamkeit und Gewalt auseinander.

Wegen ihrer Arbeit für die kurdisch-türkische Tageszeitung *Özgür Gündem* wurde sie im August 2016 im Zuge der »Säuberungen« nach dem gescheiterten Militärputsch verhaftet, Ende Dezember 2016 entließ man sie für die Dauer des laufenden Prozesses unter Verbot der Ausreise. Aslı Erdoğan ist zur Symbolfigur für die Meinungsfreiheit und das Ausmaß der türkischen Willkürherrschaft geworden.

Zu den Übersetzern

Sabine Adatepe lebt als Autorin und Literaturübersetzerin in Hamburg. Sie übersetzte u. a. Can Dündar, Hakan Günday, Sema Kaygusuz, Ece Temelkuran und Ahmet Ümit. Zudem führt sie ein literarisches Blog, ist als Herausgeberin tätig, kuratiert und moderiert literarische Veranstaltungen.

Şebnem Bahadır, Übersetzerin/Dolmetscherin für Türkisch, Englisch, Französisch, lehrt und forscht im Bereich Übersetzungs- und Dolmetschwissenschaft an der Universität Mainz und ist Mitglied der unabhängigen ÜbersetzerInnen-plattform »Translate for Justice«. Sie hat am Gedichtband von Bejan Matur *Winddurchwehte Herrenhäuser* mitgewirkt und zusammen mit Dilek Dizdar Stücke von Özen Yula für die Schaubühne am Lehniner Platz, Berlin, ins Deutsche übersetzt.

Angelika Gillitz-Acar hat Sozialpädagogik, Geschichte und Kultur des Nahen Orients sowie Turkologie studiert, **Angelika Hoch-Hettmann** studierte Turkologie, Kunstgeschichte und Klassische Archäologie. Gemeinsam übersetzten sie Aslı Erdoğans Roman *Die Stadt mit der roten Pelerine* sowie Essays der Autorin in anderem Zusammenhang. Weiterhin übertrugen sie Werke von Ayşe Kulin und Leylâ Erbil ins Deutsche. Beide Übersetzerinnen leben in München.

Oliver Kontny hat u. a. Emrah Serbes und Yavuz Ekinci übersetzt. Neben seiner eigenen Schreibtätigkeit für Bühne und Hörfunk ist er als Konferenzdolmetscher tätig und Research Fellow am theaterwissenschaftlichen Forschungszentrum »Interweaving Performance Cultures« der FU Berlin.

Gerhard Meier lebt seit 1986 in Lyon und übersetzt dort aus dem Französischen und Türkischen, u. a. Werke von Amin Maalouf, Henri Troyat, Jules Verne, Zülfü Livaneli, Yaşar Kemal, Ahmet Hamdi Tanpınar und Orhan Pamuk. Er übertrug Teile von Aslı Erdoğans *Taş Bina* (*Das Steinhaus*) ins Deutsche.